바디 파워 충전소

내 몸이 어때서

바디 파워 충전소
내 몸이 어때서

초판 1쇄 펴낸날	2023년 7월 28일
초판 2쇄 펴낸날	2024년 6월 28일
글	최은영
그림	김진화
펴낸이	홍지연
편집	고영완 전희선 조어진 이수진 김신애
디자인	이정화 박태연 박해연 정든해
마케팅	강점원 최은 신종연 김가영 김동휘
경영지원	정상희 여주현
펴낸곳	㈜우리학교
출판등록	제313-2009-26호(2009년 1월 5일)
제조국	대한민국
주소	04029 서울시 마포구 동교로12안길 8
전화	02-6012-6094
팩스	02-6012-6092
홈페이지	www.woorischool.co.kr
이메일	woorischool@naver.com

ⓒ 최은영, 김진화, 2023
ISBN 979-11-6755-215-0 73810

- 책값은 뒤표지에 적혀 있습니다.
- 잘못된 책은 구입한 곳에서 바꾸어 드립니다.
- KC 마크는 이 제품이 공통안전기준에 적합하였음을 의미합니다.

만든 사람들

편집	고영완
교정	탁산화
디자인	이든디자인

- 일러두기_이 책에 표기된 '바디'의 표준어 표기는 '보디'이나 독자의 이해를 돕기 위해 바디로 표기하였습니다.

차례

프롤로그

잔소리 잔소리 * 15

희한한 이삿짐 * 30

개학 첫날, 첫 짝꿍 * 43

이상한 사람들 * 54

하얀 얼굴 * 69

뜻밖의 초대장 * 80

배우 연습생 * 93

파워 충전소 * 104

충전, 바디 파워 * 119

바디 파워란? * 134

에필로그

작가의 말

프롤로그

휴고 마음

아이는 손가락 끝을 만지작거렸다. 곧 고개를 돌려 엄마를 보았다. 엄마는 아이와 눈을 맞추며 손을 살며시 잡았다. 아이가 한소장의 말을 따라 주기를 바라는 것 같았다. 아이는 엄마의 눈을 한참 들여다보았다.

"좋아요. 받을게요."

아이가 답하기 무섭게 한소장과 이소장이 자리에서 일어났다. 그러고는 자그마한 방으로 아이를 안내했다. 아이는 마른침을 꿀꺽 삼키며 방으로 들어갔다.

방에는 컴퓨터 두 대와 큼지막한 전산 기기 여럿이 들어차 있었고 방 한가운데에는 하얀색 원통이 널찍이 자리를 잡고 있었다. 원통 아래에 깔린 은은한 미색 러그가 냉장고처럼 차가워 보이는 스테인리스 원통을 따뜻하게 받쳐 주는 것처럼 보였다.

한소장이 컴퓨터 앞에 앉아 자판을 두드렸다.

부우웅.

원통의 상단부가 서서히 열렸다. 원통 내부에는 하얀색 매트가 깔끔하게 깔려 있었다. 한소장은 원통 아래쪽 서랍에서 하얀색 고글을 꺼냈다.

"잠깐 깊은 잠에 빠진다고 생각하면 돼."

한소장이 어서 원통에 들어가라고 손짓했다.

이소장이 전산 기기 앞에 우뚝 서서 벙글거리며 말했다.

"마치고 나면 몸이 아주 개운할 게다."

아이가 긴장한 듯 숨을 크게 들이마시고 원통 안으로 들어갔다. 한소장이 아이의 머리에 고글을 씌웠다. 곧 고글에

우주 고래

서 초록색 점이 번쩍거렸다. 아이가 매트에 드러눕자 원통의 뚜껑이 스르르 내려오기 시작했다. 아이의 눈앞으로 초록색 점이 길게 이어지더니 옅은 오로라가 펼쳐졌다. 이소장의 목소리가 아득하게 울렸다.

"이제부터 멀고도 아름다운 여행을 시작해 볼까?"

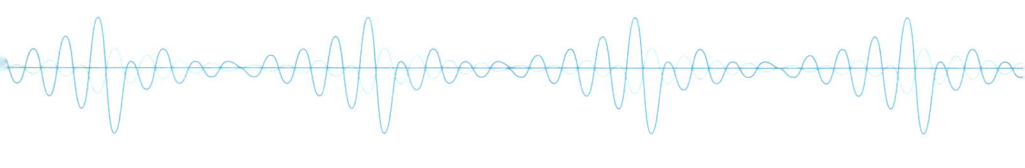

잔소리 잔소리

 소율이는 점심을 먹자마자 자기 방 침대에 비스듬히 누워 스마트폰을 잡았다. 블루몬스터 쫓아가기만 벌써 일곱 판째. 좀처럼 잡히지 않는 괴물을 쫓다 보니 힘에 부쳤다. 소율이는 스마트폰을 툭 던져 놓고 베개에 얼굴을 묻었다. 스르르 잠이 밀려들었다.
 "기소율, 곧 개학인데 어쩌려고 이래?"
 청소기 소리와 함께 방문이 벌컥 열렸다. 곧이어 엄마의 잔소리가 투두둑 쏟아졌다. 소율이는 이불을 머리 위까지 잡아끌었다.
 "아이고, 기소율! 먹고 이렇게 곧장 누우면 안 돼요……."

엄마가 이불을 잡아당겼다.

"곧장 누운 거 아니거든요?"

소율이가 눈살을 찌푸리며 자리에서 일어나 앉았다.

"밥 먹고 아직 한 시간도 안 지났거든?"

엄마가 소율이의 말을 받았다.

"그러니까 곧장 누운 거 아니잖아요."

점심을 먹고 40분이나 지났다. 그러니 곧장 누웠다는 엄마의 말은 틀렸다.

"밥 먹고 꼼짝도 안 하고 앉아만 있었잖아. 그러면 소화가 되겠어? 먹었으면 좀 움직이고……."

엄마의 잔소리가 길게 이어질 모양이었다. 소율이는 부리나케 침대 밖으로 나와 엄마가 쥐고 있던 청소기를 채 가듯 가져왔다.

"그냥 대놓고 청소 좀 하라고 하세요, 어머니!"

"아니, 꼭 청소를 하라는 건 아니고……."

그런 게 아니었더라도 엄마의 잔소리를 막으려면 이 방법밖에 없었다. 소율이는 엄마가 서 있는 쪽으로 청소기 머리를 들이밀었다.

"엄마, 좀 비켜 봐요!"

윙윙 돌아가는 엔진 소리가 엄마를 빨아들일 듯 덤볐다. 엄마가 뒷걸음을 치면서 생긋 웃었다. 그러고는 출근 준비를 한다며 거실로 나갔다. 주민 센터의 돌봄 센터에서 방과 후 아이 돌보미로 일하는 엄마는 오후 두 시까지 출근해야 한다.

청소기로 방바닥을 이리저리 문지르며 소율이는 고개를 홰홰 저었다. 엄마가 청소를 맡기러 자기 방에 들어온 게 틀림없다고 확신했다.

"치, 왜 오빠는 놔두고?"

삐죽 성이 난 소율이는 방 청소를 마친 뒤, 청소기를 끌고 찬율이의 방문 앞에 섰다.

"헤이, 중딩!"

"오빠한테 말버릇이 그게 뭐야?"

그새 외출복으로 갈아입은 엄마가 큰방을 나서며 눈을 흘겼다.

"오빠도 자기 방 청소 정도는 직접 해야 하잖아요!"

소율이가 입을 불뚝 내밀고 퉁퉁거렸다. 엄마가 찬율이의 방문을 똑똑 두드렸다.

"찬율아, 네 방 청소해야 하는데!"

"이따 할게요!"

굳게 닫힌 방문 안쪽에서 찬율이의 목소리가 새어 나왔다.

"오빠! 밥 먹고 들어가서 또 게임하고 있지?"

소율이가 방문 앞에서 소리를 질렀다.

"아니거든!"

찬율이가 빽 소리쳤다. 그래 봤자 목소리는 낮게 깔릴 뿐이었다. 변성기가 찬율이의 목소리를 덮친 탓이다.

"그럼 뭐 하느라 방문도 안 열고 대답만……."

소율이가 툴툴대는데 방문이 달칵 열렸다. 훅, 땀 냄새가 끼쳤다.

"내가 넌 줄 아냐?"

민소매 차림의 찬율이가 벌겋게 달아오른 얼굴로 소율이를 내려다보았다. 책상 위에 놓인 노트북에서는 웬 남자의 밝고 씩씩한 목소리가 흘러나오고 있었다. 동영상을 틀어 놓은 모양이었다.

"뭐 하는데?"

소율이가 흘끗 찬율이의 방을 들여다보았다.

"운동 중이시다! 됐냐?"

찬율이는 소율이를 매섭게 노려보고는 방문을 쾅 닫았다.

"뭐야……."

굳게 닫힌 방문 앞에서 소율이가 입을 삐죽거리는데 엄마가 싱긋 웃으며 소율이에게 다가왔다.

"네 오빠, 요새 얼마나 열심히 운동하는데. 몰랐어?"

"만날 방문 꽉 닫아 놓고 사는데 내가 어떻게 알아요?"

소율이가 구시렁거리며 청소기를 정리하는데 엄마가 소율이의 등 뒤에서 말을 이었다.

"새벽같이 일어나서 달리기 하고 오잖아. 점심 먹고 나

서는 방에서 홈 트레이닝하고, 저녁때는 나가서 동네 한 바퀴씩 걷는대."

엄마의 말을 들으며 소율이는 고개를 절레절레 저었다. 초등학교를 졸업할 때까지만 해도 찬율이는 소율이처럼 밥만 먹으면 방에 틀어박혀서 게임을 하거나 동영상을 봤다. 그런데 갑자기 왜 달라진 건지 도통 알 수 없는 일이었다.

소율이는 냉장고에서 막대 아이스크림 하나를 꺼내, 소파에 앉았다. 잠깐이지만 몸을 움직이고 난 뒤에 먹는 아이스크림은 더 시원하고 달달했다.

"너도 오빠 따라서 운동 좀 하면 좀 좋아."

엄마가 가방을 어깨에 메고 나오면서 핀잔을 했다. 소율이는 못 들은 척 스마트폰만 쳐다보았다.

"겨우내 운동은 안 하고, 그렇게 먹기만 하면……."

"그래서 훌쩍 컸잖아요!"

소율이가 내밀 수 있는 카드는 방학 동안 8센티미터가 자란 키밖에 없었다.

"그러니까 더 걱정이야. 영양가 있는 것 좀 먹고, 운동도 하면서 키가 커야 하는데……."

"으, 엄마! 이러다 안 늦어요?"

개학이 다가오면서 엄마의 잔소리는 점점 심해지는 것 같았다. 입안에서 녹아 없어지는 아이스크림마저 체할 것 같았다.

"알았어. 그만할게. 우리 딸이 알아서 잘하겠지, 응?"

엄마가 소율이와 눈을 맞추며 싱긋 웃었다. 소율이는 어깨를 축 늘어뜨리고 엄마를 향해 고개를 숙였다.

"엄마 간다~!"

엄마가 찬율이의 방을 향해 소리를 질렀다. 찬율이가 방문을 열고 나오며 "다녀오세요." 하고 인사했다. 엄마는 부리나케 현관문을 열고 밖으로 나갔다. 열린 현관문 사이로 찬바람이 쌔앵 들이쳤다.

"으, 이렇게 추운데 운동은 무슨······."

소율이가 어깨를 옴츠리며 몸을 덜덜 떨었다.

"추울 때 운동하면 더 좋아. 몸에서 열이 나서 추운 줄도 모르거든."

찬율이가 냉수를 따라 마시며 어른인 척 말을 붙였다. 엄마의 잔소리가 끝나니 찬율이가 잔소리를 이을 모양새였다. 소율이는 못 들은 척 간식 통에서 과자 한 봉지를 집어 들었다.

"너 자꾸 그런 거 집어 먹으면……."

"맛있게 먹으면 0칼로리! 살 안 쪄!"

소율이가 찬율이의 말을 냅다 끊었다.

"야, 살이 아니라 건강이 문제지."

"아, 아무것도 안 들린다, 안 들린다, 안 들린다."

소율이는 두 손으로 귀를 막고 중얼중얼 혼잣말을 지껄였다. 찬율이가 끌끌 혀를 차며 다시 방으로 들어갔다. 노트북에서 트레이너의 목소리가 우렁차게 흘러나왔다. 마치 소율이에게 던지는 잔소리처럼 들렸다. 소율이는 찬율이의 방을 향해 혀를 길게 내밀고 방으로 들어왔다. 연달아 운동하라는 잔소리를 들으니 어안이 벙벙해지는 느낌이었다.

'갑자기 나한테 왜들 그러는 거야?'

소율이는 한 손으로 배를 쓰다듬으며 자신의 몸을 내려다보았다. 솔직히 겨울 방학이 시작되고 한 달이 넘도록 제대로 운동해 본 기억이 없다. 추우니까 움직이기 귀찮았다.

"아, 몰라, 몰라! 나만 이러는 것도 아니고."

운동을 안 한다고는 하지만, 소율이는 일주일에 이틀은 학원까지 걸어갔다가 걸어서 돌아온다. 엄마가 이제 초등학교 6학년에 올라가니 수학이랑 영어만큼은 공부하자고

성화를 한 탓이다. 엄마랑 이리저리 타협한 끝에 소율이가 제일 어려워하는 수학만 학원에 다니기로 했다. 바로 이번 겨울 방학부터. 그런데 수학 학원이 통학 버스를 운영하지 않아 어쩔 수 없이 걸어 다녀야만 했다. 덕분에 일주일에 이틀은 왕복 30분에 달하는 거리를 걷는다. 그러니까 그만큼은 운동을 하는 셈이고, 오늘은 단지 학원에 가지 않는 날일 뿐이다.

소율이는 침대에 털썩 올라앉으며 과자 봉지를 북 뜯었다. 과자 하나가 침대 위로 툭 떨어졌다. 엄마가 보면 또 잔소리를 쏟아 낼 게 뻔했다. 소율이는 잽싸게 침대에 떨어진 과자를 집어 입에 넣었다. 주위에 떨어진 부스러기도 빠짐없이 털어 냈다. 과자의 맛이 입안에서 짭짜름하게 퍼져 나갔다. 달콤한 탄산음료가 당기는 맛이었다. 하지만 집에 탄산음료는 없었다. 언제부터인가 엄마는 탄산음료를 사다 놓지 않았다. 그걸 마시려면 편의점까지 다녀와야 했다.

'나갔다 와, 말아?'

소율이는 과자를 우걱우걱 씹으며 잠시 고민에 빠졌다. 추위와 귀찮음을 무릅쓰고 편의점에 다녀올 것인가, 그냥 말 것인가. 머리를 굴릴수록 과자를 삼키는 입안이 퍽퍽했다.

아무래도 편의점에 다녀오는 게 나을 것 같았다.

현관을 나선 소율이는 찬바람이 뺨에 닿자 화들짝 놀랐다. 괜히 나왔나 싶었지만, 이왕 나왔으니 목적을 달성해야 할 것 같았다. 소율이는 터벅터벅 계단을 밟고 내려와 대문을 열었다.

소율이네는 2층짜리 다가구 주택이 모여 있는 곳에 있다. 집 앞 골목을 빠져나오면 큰길이 있고, 거기에서 왼쪽으로 꺾으면 그리 높지 않은 전파산이 있다. 그리고 오른쪽 방향으로 쭉 걸어가면 4차선 도로가 나온다. 거기에서 길을 건너면 커다란 아파트 단지가 있는데, 그 뒤쪽에 소율이가 다니는 전파초등학교가 있다. 십여 년 전 아파트 단지가 생기면서 지어진 초등학교라 규모가 작았다. 한 학년당 반이 네 개였고, 반마다 스무 명 안팎의 아이들이 모여서 생활했다. 자그마한 학교를 6년 내내 다니다 보니 선생님은 물론, 같은 학년 아이들은 어지간해서는 다 알았다. 그래서인지 개학이 코앞인데도 소율이는 전혀 긴장되지 않았다.

터덜터덜 걸음을 옮기던 소율이가 옆집 초인종을 길게 한 번 눌렀다. 그리고 짧게 두 번을 연거푸 눌렀다. 옆집 대문이 철컹 열렸다. 소율이의 입에 배시시 미소가 걸렸다.
 현관문이 열리고 누군가 빼꼼 고개를 내밀었다. 소율이의 옆집에 사는 친구이자 유치원에 다닐 때부터 늘 붙어 다니는 단짝, 훈이였다.
"야, 네가 웬일이야?"
"편의점에 같이 가자고!"
"뭐 사 줄 건데?"
 훈이가 냉큼 말을 붙였다.
"야, 친구끼리 치사하게……."
 소율이가 얼굴을 찡그리는데 이미 겉옷을 챙겨 입은 훈이가 밖으로 튀어나왔다. 둘의 신호음이라 할 수 있는 초인종 소리 덕분에 소율이가 왔음을 알아챈 훈이가 자연스럽게 외출 채비를 마친 거였다.
"이왕 나왔으니 좀 돌아다니다 갈까?"
 훈이가 대문을 나서며 벙싯거렸다. 소율이는 냅다 고개를 끄덕였다. 운동 삼아 훈이랑 조금 돌아다니는 것도 괜찮을 것 같았다.
 소율이와 훈이가 골목을 막 빠져나오려는데 전파산 쪽이 시끌시끌했다. 소율이와 훈이의 시선이 동시에 그쪽으로 쏠

렸다. 누가 이사를 오는 모양이었다. 산 입구 쪽에 이삿짐 차가 서 있었다.

겨울 방학이 시작할 무렵, 전파산 입구에 독특한 외형의 3층짜리 건물이 들어섰다. 널찍하게 지어진 건물에는 창문이 가로로 길게 나 있을 뿐, 마당이나 담장, 대문도 없었다. 큼지막한 출입문만 건물 오른쪽에 나 있었다. 건물 벽에 분양이나 임대 표시도 없었다. 정체를 알 수 없는 희한한 건물이라 소율이와 훈이는 공사가 막바지에 이를 때부터 누가 이사 올지 관심을 두고 있던 터였다. 그런데 그 앞에 커다란 이삿짐 차가 떡하니 버티고 있는 것이다. 드디어 집주인이 들어오는 모양이었다.

"가 보자!"

소율이의 목소리에 생기가 돌았다.

희한한 이삿짐

이삿짐 차는 전파산 입구로 들어가는 길을 반 이상 가로막은 채 새로 지어진 건물 앞에 딱 서 있었다. 날이 차가운 탓에 전파산에 오르는 사람이 거의 없으니 망정이지, 만약 산에 오르내리기 좋은 날씨였다면 등산객들에게 꽤 욕먹었을 법한 위치였다.

소율이는 이삿짐 차를 쳐다보며 살금살금 걸음을 옮겼다. 훈이도 소율이를 따라 조심조심 발짝을 뗐다. 소율이는 이삿짐 차가 빤히 바라다보이는 골목 안쪽으로 몸을 숨겼다.

"왜? 왜 숨는데?"

훈이가 소율이를 따라 골목으로 들어서며 목소리를 낮

쳤다. 그러자 소율이가 훈이처럼 목소리를 낮추며 말했다.

"아직 어떤 사람들일지 모르니까 요기에서 살펴보자는 거지. 재밌잖아!"

소율이는 호기심이 많았다. 그만큼 주위를 둘레둘레 살피며 관찰하는 것을 좋아했다.

"넌 나중에 탐정이 되면 잘할 것 같아."

훈이가 소율이의 옆에 나란히 서며 속삭이듯 말했다.

"좋지! 나 진짜로 탐정 되고 싶다!"

소율이가 해죽 웃었다. 그러고는 눈을 반짝 빛내며 희한한 건물과 이삿짐 차를 쳐다보았다.

그때 건물에서 머리가 허옇고 키가 큰 할아버지가 겅중겅중 걸어 나왔다. 할아버지의 하얀 머리카락이 바람에 날리는 옥수수수염처럼 이리저리 휘날렸다. 할아버지는 휘날리는 머리카락을 베레모로 눌러 놓고는 이삿짐 차로 다가갔다.

"아, 그건 조심조심!"

이삿짐 차에서 아저씨 두 명이 접시와 찻잔, 그릇 등을 담는 유리 장식장을 꺼냈다. 할아버지는 장식장에 금이라도 갈까 걱정스러운 듯 장식장 앞을 얼쩡거리며 "조심조

심"을 연신 외쳤다. 할아버지 때문에 장식장을 옮기는 아저씨들의 걸음도 조심스러워졌다.

"빨리 갖고 들어가시우!"

이삿짐 차 뒤에서 날카로운 목소리가 끼어들더니, 고불고불하게 파마를 한 까만 머리를 위로 올려 묶은 할머니가 나타났다.

"할아버지랑 할머니가 이사 오나 봐."

소율이의 등 뒤에서 훈이가 중얼거렸다. 소율이도 같은 생각을 하던 참이었다. 할아버지는 안절부절못하며 장식장을 따라 건물 안으로 사라졌다.

"아이고, 이것 좀 들고 들어가지."

할머니가 큼지막한 상자를 번쩍 들고는 건물 쪽으로 걸어갔다. 건물에서 안경을 쓴 아저씨가 튀어나오며 물었다.

"저 커다란 통은 어디에 넣을까요?"

"1층 안쪽 작은방에 넣으면 돼요."

할머니가 카랑카랑한 목소리로 대꾸했다.

"네, 근데 여기는 뭐 하는 데예요?"

"뭐, 좋은 일을 하는 뎁니다."

할머니는 간단히 대꾸하고 건물 안으로 들어갔다. 아

저씨가 고개를 갸웃거리며 이삿짐 차로 다가갔다. 장식장을 들고 사라졌던 아저씨들이 이내 이삿짐 차로 돌아왔다.

"여기 뭐 하는 집 같아?"

이사 팀장으로 보이는 나이 많은 아저씨가 안경 쓴 아저씨에게 물었다. 안경 아저씨는 어깨를 으쓱거리곤 고개를 저었다.

"아무리 어르신 둘이 사는 집이라도 이렇게 세간살이가 간소한 집은 또 처음 보네."

팀장 아저씨와 함께 건물에 들어갔다가 나온 파란 모자 아저씨가 이삿짐 차로 훌쩍 뛰어올랐다. 팀장 아저씨도 이삿짐 차로 올라섰다.

"이 원통은 어디에다 두래?"

팀장 아저씨가 묻자, 안경 아저씨가 1층 안쪽 작은방에 두라고 대답했다.

"거기 이런저런 기계들을 엄청 많이 갖다 놨던데, 이게 들어가려나 모르겠네요."

파란 모자 아저씨가 자기 키만 한 원통을 이삿짐 차 밖으로 질질 끌고 나오며 말했다.

"끌고 가면 뭐, 방법이 있겠죠? 이게 마지막인가요?"

안경 아저씨가 묻자 이삿짐 차 안에서 팀장 아저씨가 그렇다고 대답했다.
 파란 모자 아저씨와 팀장 아저씨가 끙끙거리며 원통을 빼냈다. 안경 아저씨는 바퀴 달린 끌차 위로 원통을 받아 내렸다. 꽤 무게가 나가는 물건인 듯했다.
 "저게 뭐지?"
 소율이가 두 눈을 반짝이며 하얀색 원통을 쳐다보았다.

"저거 텔레비전에서 본 적 있는데……!"

훈이가 느릿한 말투로 말했다.

"뭐 하는 건데?"

"피부 관리를 받는 아줌마들이 저런 원통에 들어가서 누워 있던데?"

훈이의 말에 소율이는 "아!" 하고 탄성을 뱉었다. 그러고 보니 소율이도 본 것 같았다. 피부 관리를 받으려는 사람이 원통에 들어가서 누우면 피부 관리사가 원통의 뚜껑을 닫고, 스위치를 눌렀다. 그러면 원통 안에서 무슨 전자파가 나와서 피부가 좋아지게도 하고, 피부를 보기 좋은 구릿빛으로 바꾸어주기도 한다고 했다.

"그럼 저기가 피부를 관리하는 곳이라고?"

소율이가 의심스러운 얼굴로 건물을 바라보았다. 그런데 아무래도 이상했다. 진짜로 피부 관리를 하는 곳이라면 사람들의 왕래가 잦은 곳에 차려야 하는 게 아닐까 싶었다. 게다가 머리가 허연 할아버지와 성깔 있어 보이는 할머니가 운영하는 피부 관리 숍이라니. 영 어울리지 않았다. 생각할수록 궁금증이 뭉게뭉게 커졌다. 당장이라도 가서 건물 주인에게 묻고 싶었다.

골목 안쪽으로 칼바람이 들이쳤다. 시간이 제법 흐른 듯했다. 가만히 서 있으려니 발끝이 시리기 시작했다.

"그만 가자."

훈이가 소율이의 팔을 툭 쳤다. 그때 건물 출입문이 덜컹 열렸다. 그리고 이삿짐센터 아저씨들이 우르르 밖으로 나왔다. 그 뒤로 할아버지가 보였다.

"수고 많으셨습니다!"

할아버지가 너털웃음을 지으며 큰 소리로 인사했다. 이삿짐센터 아저씨들도 할아버지에게 인사를 건네고 차에 올랐다. 소율이가 훈이의 팔을 잡았다.

"왜, 왜 그래?"

훈이가 당황스러운 듯 말을 더듬거렸다.

"지금이야!"

궁금증을 풀어낼 절호의 기회 같았다. 옥수수수염 머리를 한 할아버지는 소율이가 무슨 말을 하든 꾸짖지 않을 것 같았다. 허허하고 웃어 줄 것 같았다. 지금이 딱 좋은 기회였다.

이삿짐 차가 차도를 향해 빙글빙글 차 머리를 돌렸다. 소율이는 훈이를 잡고 잽싸게 할아버지 앞으로 달려갔다. 이

삿짐 차가 멀어지는 걸 멀뚱히 바라보던 할아버지가 눈을 휘둥그레 뜨고 소율이와 훈이를 보았다.

"아니, 어디에서 나타난 다람쥐들인가?"

할아버지가 해죽거리며 목청을 높였다.

"다, 다람쥐요?"

소율이가 눈을 동그랗게 떴다.

"허허허, 그래, 다람쥐! 먹을 것을 찾아 쪼르르 달려가는 다람쥐. 너희가 딱 다람쥐를 닮았구나."

할아버지는 친근하게 말을 붙이며 소율이와 눈을 맞췄다. 소율이가 "흠!" 헛기침하며 훈이를 보았다. 훈이는 할아버지를 쳐다보며 생글거리기만 할 뿐 별다른 말이 없었다. 할아버지는 훈이와 닮은꼴 같았다. 훈이처럼 싱글벙글 웃기만 했다.

"여긴 뭐 하는 데예요?"

소율이가 냅다 질문을 던졌다.

"아, 여기 말이냐?"

할아버지가 허리를 곧추세우더니 건물을 가리켰다. 얼굴에는 웃음꽃이 만발했다.

"사실 아까부터 지켜보고 있었거든요. 저기에서요."

훈이가 소율이와 숨어 있던 골목을 가리켰다.

"어쩐지 옆통수가 따끔따끔하다 했다. 허허허!"

할아버지가 호탕하게 웃었다. 동시에 문이 철컥 열리고, 할머니가 모습을 드러냈다.

'아!'

소율이는 아랫입술을 질끈 깨물었다. 할아버지한테만 얼른 물어보고 돌아갈 참이었는데, 계획에 차질이 생겼다.

"얼른 정리부터 해야지, 종일 저렇게 둘 거예요?"

역시나 할머니의 목소리는 유리잔에 구슬이 부딪치는 것처럼 짜랑짜랑했다. 날카롭고 매서웠다.

"다람쥐들이 찾아와서 말이지."

할아버지는 연신 너스레를 떨며 히죽거렸다. 할머니가 눈을 가늘게 뜨더니 소율이와 훈이를 지그시 쳐다보았다. 훈이가 움찔 뒷걸음을 쳤다.

"이 동네 애들이냐?"

할머니가 물었다. 소율이와 훈이는 소리 없이 고개만 살짝 끄덕였다.

"그럼 앞으로 자주 보겠구나."

짤막한 말을 마치고 할머니는 할아버지를 잡아끌었다.

할아버지는 할머니에게 끌려가며 소율이와 훈이를 향해 손을 흔들었다. 입은 헤벌쭉 웃고 있었다.

"뭐지?"

소율이가 얼굴을 찡그렸다. 훈이도 고개를 갸웃거렸다.

문이 쾅 닫히고, 위잉 바람 소리가 울었다.

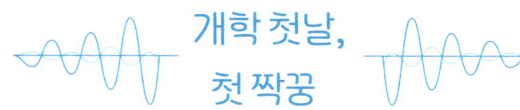
개학 첫날, 첫 짝꿍

6학년의 첫날, 소율이는 아침 일찍 훈이의 집 초인종을 눌렀다. 길게 한 번 그리고 짧게 두 번. 초인종이 울리기가 무섭게 훈이가 밖으로 튀어나왔다. 훈이의 엄마가 그 뒤를 따라 나왔다.

"너희 둘이 같은 반 되었다면서?"

"네!"

소율이가 크게 외쳤다.

어제, 학교 홈페이지를 통해 새로 배정받은 반을 확인하고 소율이와 훈이는 고래고래 고함을 지르며 사방을 뛰어다녔다. 6년째 자그마한 학교를 함께 다니며 같은 반이 된

건 이번이 두 번째였다.

"우리 아들 좀 잘 챙겨 줘!"

훈이의 엄마가 소율이를 보며 생긋 웃었다. 소율이는 걱정하지 마시라며 큰소리를 떵떵 쳤다. 훈이가 옆에서 고개를 절레절레 저었지만 기분이 나빠 보이지는 않았다.

학교로 향하는 길이 아이들로 꽉 메워졌다. 교통안전 지도를 하러 나온 동네 어른들이 호루라기를 삑삑 불며 자동차들을 우회시켰다. 몇몇 아이들은 교통정리를 하는 할아버지와 할머니에게 꾸벅 인사를 했다. 소율이는 문득 며칠 전에 이사 온 희한한 건물의 주인 부부가 생각났다.

"너, 그날 이후로 그 집 할아버지랑 할머니 본 적 있어?"

소율이가 훈이에게 물었다. 훈이는 곧장 고개를 저었다. 그날 이후로 훈이와 소율이는 집 밖으로 나가 돌아다닌 적이 거의 없었다. 그래 봐야 사흘 전의 일이었다.

"뭐 하는 사람들인지 알아냈어야 하는데!"

소율이가 아쉬운 듯 끌끌거렸다.

6학년 교실은 본관 뒤에 있는 별관 3층에 있었다. 같은 건물 1층에는 도서관과 방송실, 행정실이 있고 2층에는 과학실과 영어 실습실을 비롯한 과목별 특별 교실이 있었다.

전파초등학교에 입학하는 아이들은 대부분 빨리 6학년이 되기를 바랐다. 교실 배치에서 뭔가 특별한 대우를 받는 듯한 느낌이 있어서였다. 하지만 막상 6학년이 되어 별관 건물 3층에 오르니 특별 대우의 느낌은 싹 사라졌다. 운동장과 본관 건물을 지나 별관 3층까지 오르는 사이에 기운이 다 빠진 탓이다.

"으, 본관 3층일 때가 훨씬 좋았어!"

투덜거리며 1반 교실로 들어서는데, 반 아이들 여럿이 교실 한가운데에 둥글게 모여 있었다. 소율이는 새 학년 첫날부터 무슨 일이 있나 싶었다. 소율이와 훈이는 고개를 쭉 빼고 아이들이 모여 있는 곳을 쳐다보았다.

"우아, 임세라, 진짜 대박이다!"

예지 목소리가 크게 울렸다. 소율이는 얕게 숨을 뱉었다. 임세라와 서예지도 같은 반이 된 모양이었다. 세라와 예지는 소율이가 조금, 아주 조금 불편하게 생각하는 아이들이었다. 딱히 이유가 있는 건 아니었다. 그냥 세라와 예지는 소율이와 아주 달랐다. 둘은 화려하고, 예쁘고, 아기자기한 것들을 좋아하는데 소율이는 거의 정반대였다. 물론 소율이도 예쁜 것을 싫어하지는 않았다. 단지 스스로 예뻐지려고 무던히 애쓰는 세라나 예지 같은 타입이 아니었다.

"와, 진짜? 그럼 학교도 못 나와?"

세라 옆에서 누군가 물었다. 무언가 기가 막힌 소식이 있는 모양이었다. 소율이는 세라를 힐끔 쳐다보고, 창가 쪽으로 자리를 잡았다. 소율이의 옆에 훈이가 앉았다.

"무슨 일이 있길래 저러지?"

훈이도 교실 한가운데를 차지한 채 왁자지껄 떠들고 있는 아이들이 궁금한 모양이었다. 하지만 소율이는 하나도 궁금하지 않았다. 세라와 예지는 아주 자그마한 일도 큰일인 양 호들갑을 떨 수 있는 애들이니까.

"어, 승혁이도 우리 반이네……."

훈이가 교실 뒤쪽을 보며 낮은 소리로 말했다. 한승혁은 작년에 전파초등학교의 전교 어린이회 부회장이었다. 그리고 그걸 꽤 요란하게 뻐기고 다녔다. 소율이는 고개를 잘래잘래 흔들었다. 시끄럽고 요란한 아이들은 전부 1반에 모인 듯했다. 졸업까지 남은 1년이 험난할 것만 같았다.

잠시 뒤 교실 앞문이 열렸다. 교실 한가운데 모여 있던 아이들이 사방으로 흩어졌다. 동시에 "와!" 하고 탄성이 울렸다. 교실 문을 열고 들어선 사람은 전파초등학교에서 천사로 통하는 황연두 선생님이었다. 무슨 일이든 아이들 편에서 생각하고, 말하고, 행동하는 사람. 그래서 아이들은 대부분 연두 선생님을 좋아했다.

"자, 나는 너희들을 '안전하게 졸업시킬' 의무를 진 황연두예요."

선생님의 말이 끝나기가 무섭게 박수가 터져 나왔다. 아이들 얼굴에 화색이 돌았다.

"선생님!"

예지가 손을 번쩍 들었다. 그러고는 자리에서 발딱 일어나 큰 소리로 외쳤다.

"세라요, 엔터 회사에 연습생으로 들어갔대요!"

"우아!"

반 아이들의 눈길이 동시에 세라에게 향했다. 세라는 기다렸다는 듯이 고개를 살짝 숙이며 배시시 웃었다. 하얀 얼굴에 볼우물이 깊게 팼다.

"어머, 정말? 언제?"

선생님도 관심을 보였다.

"지난 1월에요. 엄마랑 어디를 좀 갔다가……."

"길거리 캐스팅, 그거 됐대요!"

예지가 마치 제 일이라도 되는 양 으쓱거렸다.

"세라가 하고 싶었던 분야예요?"

선생님은 진지하게 물었고, 세라는 선생님과 눈을 맞추며 가볍게 고개를 끄덕였다.

"배우래요, 아이돌 아니고요!"

세라 옆에서 예지가 또다시 목청을 높였다.

"우아, 배우도 연습생이 있어?"

준서 목소리가 크게 솟았다. 준서 옆에서 승혁이도 두 눈을 반짝이며 세라를 보았다.

"배우도 배우고 준비해야 할 게 많거든."

세라가 준서를 향해 몸을 외로 틀며 말했다. 목소리에 자신감이 가득했다. 아이들은 또 감탄을 쏟아 냈다.

"학교에 나오는 건 문제없는 거야?"

선생님이 세라에게 물었다. 세라는 그렇다고 했다.

"그래요, 뭐든 자기가 하고 싶어 하는 일을 시작하는 건 축하받을 일이지요. 세라야, 축하해!"

선생님의 말에 아이들은 너나없이 손뼉을 쳐 댔다. 소율이도 세라를 보며 손뼉을 쳤다.

"우아, 대단하다!"

옆자리에서 훈이는 연거푸 감탄을 쏟아 냈다. 소율이는 슬쩍 눈을 흘겼다.

출석을 부르고, 선생님은 컴퓨터를 열었다. 짝꿍을 배정하려는 거였다.

"처음 한 달은 컴퓨터가 정해 준 대로 지내봅시다."

선생님의 목소리가 가볍게 떠다녔다. 아이들은 눈을 빛내며 선생님이 띄운 컴퓨터 화면을 들여다보았다. 데구루루 배정표가 돌아가고, 하나둘 자리와 짝꿍이 정해졌다. 훈이는 창가 쪽 앞에서 세 번째 자리에 걸렸고, 소율이는 교탁을 정면으로 보는 교실 가운데 분단의 세 번째 자리에 뽑혔다. 그리고 소율이의 옆자리에는 세라가 배정됐다.

"으윽!"

소율이의 입에서 탄식이 터졌다. 하필 임세라가 짝이라니. 마음에 들지는 않지만 별수 없었다.

"잘 지내 보자."

자리를 옮긴 소율이는 세라를 맞으며 생긋 웃어 보였다.

"그래."

세라는 약간 떨떠름한 표정으로 소율이를 쳐다보더니 이내 고개를 돌렸다. 어차피 집에 갈 시간이었다. 소율이는

재빨리 가방을 들고 교실 문을 나섰다.

"임세라, 진짜 대단하지 않냐?"

집으로 향하며 훈이가 세라 이야기를 꺼냈다.

"뭐가?"

소율이가 부루퉁하게 물었다.

"엔터 회사에 들어갔다잖아!"

훈이의 목소리가 하늘하늘 나는 듯했다. 소율이가 입을 삐죽 내밀었다.

"길거리 캐스팅이라는데 뭐가 대단해?"

소율이가 생각하기에 세라가 엔터 회사에 들어가려고 노력한 건 하나도 없었다. 그저 운이 좋아서 들어갔을 뿐이다. 그리고 연습생으로 들어갔다고 해서 딱히 달라질 것도 없었다. 아이들 사이에서 헛바람만 돌고 있는 거였다.

"길거리 캐스팅은 뭐, 아무나 되냐? 그것도 사람 나름이지. 너 같으면 가능하겠어?"

훈이가 목소리를 키웠다. 소율이가 눈썹을 찡그리며 훈이를 보았다.

"갑자기 거기서 내 얘기가 왜 나오냐?"

소율이가 매섭게 따지자 훈이는 머리를 긁으며 헤실헤

실 웃었다.

"미안해."

"세라는 세라고, 나는 나야. 앞으로 말조심해."

소율이는 툭 말을 뱉고 성큼성큼 앞서서 걸음을 옮겼다. 개학 첫날, 소율이는 기분이 영 별로였다.

이상한 사람들

 삼월이라고는 해도 아직은 바람이 찼다. 소율이는 하얀색 패딩에 기모 바지를 입고 잔뜩 몸을 옹크린 채 교실로 들어섰다. 소율이의 자리 주위로 아이들이 와글거리며 모여 있었다. 세라 때문이었다. 세라는 어깨를 살짝 넘기는 머리를 반으로 묶어 빨간색 리본으로 포인트를 줬고, 소매가 풍성한 인디언 핑크색 원피스를 입고 있었다. 얼핏 보기에도 추워 보이는 차림이었다.

 "오늘 회사에서 프로필 사진을 찍거든."

 세라가 아이들을 둘러보며 야무지게 말했다. 아이들은 손뼉을 쳐 댔다.

"그 회사는 연습생 프로필 사진도 찍어?"

소율이가 자리에 앉으며 대차게 물었다. 세라가 눈을 휘둥그레 뜨고 소율이를 보았다. 당황한 듯 보였다.

"야, 얘가 찍는다면 찍는 거지, 네가 왜 딴지야? 네가 엔터 회사에 들어가 봤어?"

예지가 세라 편을 들고 나섰다. 옆에서 다른 아이들도 소율이를 향해 구시렁거렸다. 훈이는 못 본 척 자기 자리로 걸어갔다.

"프로필 촬영도 연습의 일부야."

세라가 당차게 말했다. 주위에 있던 아이들이 고개를 끄덕이며 소율이를 보았다. 그것 보라고 따지는 것 같았다. 소율이는 대꾸하는 대신, 자리에 앉아 아침 독서 책을 펼쳤다. 하지만 주위에서 떠들어 대는 아이들 때문에 집중할 수가 없었다. 다들 자기 자리로 돌아가라고 소리치고 싶었지만 지금 소율이의 편을 들어 줄 아이는 없어 보였다. 꾹 참아야 했다.

쉬는 시간에도 세라 주위로 자꾸만 아이들이 몰려들었다. 뭐가 그렇게 궁금하고 알고 싶은지 아이들은 쉴 새 없이 세라에게 질문을 쏟아 냈다. 세라는 허리를 꼿꼿이 세운 채 아이들의 질문에 답했다. 마치 기자들이 인터뷰라도 진행하는 분위기였다. 소란스러움을 참기 힘들어 소율이는 쉬는 시간마다 복도에 나가 서성거렸다.

점심시간이 되자 세라는 작은 병에 담긴 새빨간 음료를 꺼냈다.

"어, 이거 그거다!"

수란이가 목청을 높이며 세라의 음료를 가리켰다. 유명 연예인이 광고하는 다이어트 음료라고 했다. 세라는 입꼬리를 살짝 올리며 병뚜껑을 열었다.

"너 다이어트하는 거야?"

예지가 세라에게 물었다.

"종종 촬영이 있을 테니까."

세라는 새침하게 대꾸했다. 그러고는 급식도 먹지 않겠다고 했다. 소율이는 고개를 홰홰 저으며 자리에서 일어났다. 그리고 훈이와 함께 교실을 빠져나왔다.

"으, 어떻게 음료수 한 병으로 점심을 때우냐?"

소율이는 세라의 태도가 영 마음에 들지 않았다. 하지만 훈이는 달랐다.

"그만큼 자기 관리를 철저히 하는 거잖아. 내가 보기엔

멋지기만 하다!"

훈이가 또 세라를 칭찬했다. 소율이의 얼굴이 팍 일그러졌다.

소율이가 점심을 먹고 자리로 돌아오니, 세라가 손바닥만 한 팩트를 들고 퍼프로 양쪽 볼을 토닥거리고 있었다. 주위에 화장품 냄새가 진동했다. 소율이는 인상을 찌푸리며 자리에 앉았다.

세라는 팩트를 큼지막한 화장품 파우치에 넣고 다시 자그마한 통을 꺼냈다. 때마침 급식실에 갔던 예지와 몇몇 아이들이 교실로 돌아왔다. 그러고는 마치 자기들 자리인 양 자연스레 세라 주위로 몰려들었다.

"와, 이게 뭐야?"

"블러셔."

세라가 짤막하게 대답했다.

"이거 색깔 엄청 이쁘던데."

이번에도 수란이가 아는 체를 했다. 세라는 말없이 블러셔를 열더니 양쪽 볼 끝에 쿡쿡 찍었다. 블러셔가 찍힌 자리가 은은한 보랏빛으로 빛났다. 아이들은 두 손을 모으고 동동거리며 탄성을 질렀다.

"교실에서 화장 좀 안 하면 안 돼?"

참다못한 소율이가 외쳤다. 세라가 눈을 동그랗게 뜨고 소율이를 보았다.

"화장품 냄새 때문에 머리가 아프잖아……."

소율이는 최대한 친절하게 뒷말을 이었다. 그러자 예지랑 아이들이 벌 떼처럼 일어났다.

"이 정도 냄새 가지고 머리가 아프다고?"

"야, 화장품은 향기라고 하는 거야. 냄새가 뭐냐?"

아이들 사이에 있자니 소율이는 자신이 비정상처럼 느껴졌다. 차라리 자리를 비켜 주는 게 나을 것 같았다. 소율이는 책을 한 권 들고 자리에서 일어섰다. 마침 화장실에 다녀오던 훈이와 딱 마주쳤다.

"도서관 가자."

소율이의 말에 군말 없이 걸음을 옮기던 훈이가 교실을 돌아보며 한마디를 붙였다.

"종일 저렇게 앉아 있으려면 힘들지 않나?"

무슨 말인가 싶어 소율이도 훈이가 돌아본 쪽으로 고개를 돌렸다. 훈이의 눈길이 닿는 곳에 세라가 있었다.

"임세라?"

소율이는 확인하듯 훈이에게 물었다.

"응. 오전 내내 저러고 앉아 있던데."

소율이는 훈이가 무슨 말을 하는지 알고 있었다. 세라는 종일 허리를 꼿꼿하게 세우고, 어깨를 쫙 편 다음 턱을 아래쪽으로 살짝 끌어당긴 자세를 유지하고 있었다. 소율이는 옆자리에 있으니 모를 수 없다 하더라도 훈이는 옆 분단의 한 칸 건너 자리였다.

"종일 임세라만 봤냐?"

소율이가 걸음을 멈추고 훈이에게 물었다.

"아니, 그건 아니고……."

훈이가 말을 흐렸다. 그러더니 이내 소율이의 자세를 물

고 늘어졌다. 소율이의 자세가 영 나쁘다는 거였다.

"넌 툭하면 책상에 엎드리고, 삐뚜름하게 앉고, 턱도 괴고……."

"지금까지 쭉 그랬거든!"

"그러니까 이제부터라도 좀 고치라고."

훈이는 마치 오빠라도 되는 양 점잖게 말했다. 소율이는 약이 바짝 올랐다. 세라 때문에 소율이의 흠을 짚어 내는 훈이가 미웠다.

"너랑 안 가!"

소율이는 몸을 팽 돌려 교실로 돌아왔다.

"너희 다 자기 자리로 좀 가!"

소율이가 빽 소리를 질렀다. 아이들은 쌕쌕거리는 소율이를 힐끔힐끔 쳐다보면서 느릿느릿 자리로 돌아갔다. 세라가 원피스 자락을 날리며 자리에서 일어났다. 그러고는 예지를 비롯한 몇몇 아이들을 데리고 교실 밖으로 나갔다. 교실은 금세 조용해졌다.

수업이 끝나기가 무섭게 소율이는 가방을 챙겨 들고 교실을 빠져나왔다. 다행인지 불행인지 훈이는 청소 당번이었다. 어차피 훈이와 함께 집으로 돌아오지 못했을 텐데도 소율이의 마음 한편이 영 걸렸다. 무엇인가 삐걱거리는 느낌이었다.

마음이 불편해진 소율이는 편의점으로 걸음을 옮겼다. 톡 쏘는 탄산음료라도 마셔야 답답한 마음이 시원해질 것 같았다.

"걸음걸이가 어째 그래?"

터덜터덜 걷는 소율이의 뒤에서 웬 목소리가 들렸다. 소율이는 누군가 싶어 뒤를 돌아보았다. 얼마 전 희한한 건물로 이사 온 할아버지와 할머니였다.

"안녕? 꼬마 다람쥐?"

옥수수염 같은 머리카락 위에 빨간 베레모를 쓴 할아버지가 손을 반쯤 들어 올렸다. 입에는 벙싯 웃음을 머금었다.

옆에는 올림머리에 진한 보라색 원피스를 입은 할머니가 차가운 얼굴로 소율이를 보고 있었다.

"좀 전에 뭐라고 하셨어요?"

소율이가 할머니에게 물었다. 처음에 들은 목소리는 할머니가 분명했다.

"걸음걸이가 좋지 않아. 발을 정확히 떼었다가 발꿈치부터 땅에 닿도록 디뎌야지, 왜 그렇게 양쪽 발을 질질 끌면서 다녀?"

"으악!"

소율이는 두 손으로 양쪽 귀를 막고 고개를 절레절레 저었다. 사방에서 가만히 있는 자신을 공격하려 든다는 생각에 소율이는 참을 수 없었다.

"할머니, 이러시면 '꼰대'라는 소리 들어요. 남의 일에 참견하지 마시고……"

"아이고, 기분 상했구나, 꼬마 다람쥐?"

할아버지가 할머니 앞으로 훌쩍 나서며 소율이의 말을 잘랐다.

"저 꼬마 다람쥐 아니거든요?"

소율이는 할아버지에게도 툴툴거렸다.

"그럼 이름이 어떻게 되나요?"

할아버지가 다정하게 물었다. 소율이는 말없이 입만 오물거렸다. 쉽게 마음을 풀 수는 없었다.

"나는 전파산 입구에 새로 이사 온 이철민이라고 한단다. 이 할머니의 남편이지."

할아버지가 싱글거리며 자기 이름을 말했다. 소율이는 눈을 삐뚜름하게 뜨고 할아버지를 보았다. 어른이 아이에게 이름을 밝히며 인사를 건네는 경우는 처음 보았다.

"나는 한미라고 해. 보통은 한소장이라고 부른단다."

할머니도 한결 누그러진 목소리로 자기를 소개했다. 소율이는 멀뚱멀뚱 노부부를 바라보았다.

"학생은 이름이 어떻게 되지? 그래도 두 번째 만남인데, 이름 정도는 알고 지내도 괜찮잖아?"

할아버지가 물었다.

"기소율이요."

"좋은 이름이군!"

할머니가 소율이의 말을 받았다. 그러고는 다시 소율이를 쳐다보며 말했다.

"우리 몸은 바른 자세, 바른 먹거리에서부터 힘을 얻게

된단다. 여기에서 힘이라는 건 말이지…….”

"흠흠, 한소장!"

할아버지가 할머니에게 눈짓했다. 소율이는 고개를 홰홰 저으며 몸을 돌렸다. 더는 길거리에서 낯선 할머니에게 잔소리를 듣기 싫었다. 콜라고 뭐고, 그냥 집으로 들어가야겠다, 싶었다.

"소율이는 에이치라고 아니?"

어느새 소율이의 옆으로 훌쩍 다가온 할아버지가 친근하게 말을 붙였다. 소율이는 무슨 영문인지 몰라 눈썹을 찡그리며 할아버지를 보았다.

에이치는 요즘 유튜브에 접속하기만 하면 나오는 인기 가수이자 배우이다. 아무리 연예계 쪽에 관심이 없는 소율이라도 모를 수 없었다. 소율이는 할아버지를 보며 고개를 끄덕였다. 갑자기 에이치 이야기는 왜 꺼내는지 궁금했다.

"에이치도 말이야, 전에는 자세가 별로 좋지 않았단다. 그래서 우리 부부가 자세를 바로잡아 줬지."

"진짜요?"

눈을 휘둥그레 뜬 훈이가 불쑥 튀어나왔다. 그새 교실 청소가 끝난 모양이었다.

"그럼! 에이치도 소율이처럼 걸음걸이가 바르지 못했거든. 식습관도 그리 건강하지 못했지. 그때가 벌써 5년 전이던가?"

할아버지가 가슴을 쫙 펴며 할머니를 바라다보았다. 할머니는 자신만만한 얼굴로 고개를 주억거렸다.

"우아!"

훈이가 입을 헤벌쭉 벌리며 감탄했다. 소율이가 훈이의 앞을 가로막으며 매섭게 물었다.

"그걸 우리가 어떻게 믿어요?"

"아, 못 믿겠으면 말이다……."

할아버지가 작은 지갑에서 명함을 꺼내 소율이와 훈이에게 내밀었다. 명함에는 이철민이라는 이름과 함께 '파워 충전소'라는 생소한 명칭이 적혀 있었다.

"전파산 앞에 새로 지은 건물, 그게 바로 파워 충전소란다. 우리 부부의 연구소이기도 하지."

할아버지는 매우 자랑스러운 듯 얼굴을 실룩거렸다. 옆에 서 있는 할머니 얼굴에도 옅은 미소가 번졌다.

"그러면 그 원통 같은 거 있잖아요……."

훈이가 관심을 보이며 입을 떼자 소율이가 잽싸게 훈이의 팔을 잡았다. 그러고는 꾸벅 인사한 뒤, 냅다 걸음을 옮겼다. 훈이가 소율이에게 끌려오며 왜 그러냐고 작은 소리로 물었다. 훈이는 할아버지와 할머니의 말을 곧이곧대로 믿고 있는 게 분명했다. 소율이는 입을 꾹 다문 채 집 앞까지 빠른 걸음으로 걸었다.

"왜 그러냐고!"

집 앞에 닿자, 훈이는 빽 소리를 높였다. 화가 난 듯했다. 훈이의 궁금증을 소율이가 막아 버렸으니 그럴 만도 했다. 하지만 소율이에게도 이유가 있었다.

"넌 저 이상한 할아버지 말을 다 믿어?"

"……."

훈이가 입을 꾹 다문 채 소율이를 보았다.

"에이치를 들먹이는 것도 모자라 파워 충전소라니, 그런 말도 안 되는 소리에 장단을 맞춰 주면 어떡하니? 이상한 사람들이야. 조심해."

말을 마치고 소율이는 팽 돌아서 집으로 들어왔다. 훈이에게 부글부글 화가 나고 있던 참이었는데 이상한 할아버지 때문에 더 이상 화를 낼 수 없게 되었다. 어쩌면 다행일지도 몰랐다.

하얀 얼굴

그날 이후로 파워 충전소의 할아버지와 할머니는 소율이의 눈에 자주 띄었다. 하굣길은 물론, 학원에 오갈 때나 엄마 심부름으로 편의점에 가려고 집을 나설 때도 할아버지와 할머니는 기다렸다는 듯 소율이와 마주쳤다. 그때마다 할아버지는 오른손을 반쯤 들어 올리며 "하이!"를 외쳤다. 옆에서 할머니는 매우 부자연스러운 미소를 지으며 소율이를 바라보았다.

"너도 그 할아버지랑 할머니, 자주 보냐?"

등굣길에 소율이가 훈이에게 물었다. 훈이는 고개를 끄덕였다.

"그분들 과학자래. 사람의 몸과 마음을 건강하게 만들어 주는 파워에 대해서 50년 동안 같이 연구하셨대."

훈이가 두 눈을 반짝이며 목청을 높였다.

"그새 그 이상한 할아버지, 할머니와 대화까지 나눈 거야? 그래서 우리 몸에 필요한 파워라는 게 뭔데?"

소율이가 뚱하게 물었다.

"그건 가르쳐 주지 않으셨어."

"쳇, 엉터리로 꾸며 낸 이야기라 말을 못 한 거야."

훈이의 말에 소율이는 곧장 퉁을 놓았다. 파워 충전소라는 이름부터 영 수상쩍기만 했다.

"어쨌든 바른 자세랑 바른 먹거리에서 만들어지는 파워가 있는데 나 같은 경우에는……."

훈이가 구구절절 말을 늘어놓으려 들었다. 소율이는 끌끌 혀를 차며 고개를 저었다. 6학년이나 되어서 이상한 사람들의 말에 깜빡 속아 넘어가다니, 훈이가 순진하기 짝이 없다고 생각했다.

"너 그렇게 사람들 말 잘 믿으면 사기당한다."

소율이는 훈이에게 잔소리 한 방을 날리고 교실로 들어섰다. 오늘도 세라는 의자 끝까지 엉덩이를 붙이고 허리를 꼿꼿하게 세우고 앉아 책을 보고 있었다. 무릎도 벌어지지 않게 착 붙여 앉은 게 영 불편해 보였다. 소율이는 세라에게 질세라 가방을 풀어 놓고, 책상 위에 털썩 엎드렸다. 그런 채로 한 장 한 장 책장을 넘겼다. 너무 편안한 자세라서 그런지 눈꺼풀이 자꾸만 감기려 들었다.

3교시 수업은 체육이었다. 아이들이 우르르 자리에서 일어나 교실 밖으로 나갔다. 세라가 예지와 함께 교실을 나서자 훈이가 소율이에게 다가왔다.

"빨리 가자!"

"으, 체육 진~짜 싫어."

소율이가 자리에서 뭉그적거리며 늑장을 부리는데 훈이가 걱정스레 말했다.

"넌 진짜 운동하기 싫어해서 큰일이다. 할아버지가 그러는데, 되는대로 먹고 운동하지 않으면……."

"잠깐! 지금 너 그 이상한 할아버지 얘기 또 하는 거야?"

소율이가 훈이의 말을 끊었다.

"이상한 할아버지 아니야. 너도 명함 받았잖아."

교실을 나서며 훈이가 퉁퉁거렸다. 소율이는 절레절레 고개를 저었다. 순진해 빠진 훈이가 새삼 걱정스러웠다.

그새 반 아이들은 인조 잔디가 깔린 운동장 한쪽에 오글오글 모였다. 선생님이 공 하나를 들고, 아이들 앞에 섰다.

"이제 날씨도 포근해졌으니까 킥런볼을 해 봅시다."

"와!"

몇몇 아이들이 환호성을 질렀다.

킥런볼은 발야구와 럭비가 섞여 있는 스포츠다. 공격팀은 공을 발로 차낸 뒤에 정해진 곳까지 달려야 하고, 수비 팀은 상대 팀이 정해진 곳에 도착하기 전에 공으로 상대 팀 공격수를 터치해야 했다. 한마디로 무조건 열심히 달리고 달려야 하는 경기였다.

"으윽!"

소율이는 얼굴을 찡그리며 탄식을 뱉었다. 한 시간 내내 달리고 달릴 생각을 하니 벌써 아득했다. 체육은 소율이와 맞지 않는 과목이었다.

"우선 몸풀기 체조부터 시작합시다."

선생님의 구령에 따라 아이들은 세 줄로 길게 열을 맞췄다. 그런 다음 건강 체조를 하고, 팔다리 운동을 더한 다음 팔 벌려 뛰기를 시작했다. 하나, 둘, 셋, 넷……. 횟수가 늘어 갈수록 소율이는 숨이 턱까지 차오르는 느낌이었다. 방

학 동안 운동을 너무 안 했구나 싶었다. 고작 몸풀기 체조에 이렇게 힘들어하다니, 스스로 반성하고 있을 때였다. 곁눈으로 세라가 획 고꾸라지는 게 보였다. 소율이는 자기도 모르게 손을 뻗었다.

"임세라!"

소율이가 잽싸게 세라를 잡았다. 세라가 배를 움켜잡고 끙끙거렸다. 얼굴은 하얗게 질린 듯 보였다. 선생님이 팔 벌려 뛰기를 멈추고 소율이와 세라에게 달려왔다.

"세라야, 왜 그래? 응?"

"배가……, 배가요……."

세라는 배를 움켜쥐고 있을 뿐 말을 잇지 못했다.

"일단 보건실로 가자."

선생님이 세라를 부축해 일으켰다. 옆에서 소율이도 세라를 잡았다.

"너희들은, 아……."

선생님이 고개를 돌려 반 아이들을 보았다. 그때 소율이가 소리쳤다.

"선생님, 제가 데려다줄게요!"

선생님이 소율이를 바라보았다. 그래도 괜찮겠느냐 묻

는 듯했다.

"제 짝이잖아요. 제가 보건실로 데리고 갈게요."

그러는 사이 세라가 이를 악물고 끙끙거렸다. 한시가 급해 보였다.

"그래, 그럼 부탁 좀 하자. 세라야, 일단 보건실부터 가 보고, 그래도 안 되겠으면 병원으로 가자, 응?"

선생님은 세라를 다독이며 소율이를 보았다. 소율이는 한쪽 팔로 세라의 축 늘어진 허리를 잡고, 다른 팔로는 세라의 팔을 자기의 목뒤로 둘러 잡았다. 세라는 핏기 없이 하얗게 질린 얼굴로 소율이에게 매달리듯 끌려왔다.

"아이코, 이게 무슨 일이니?"

누군가가 부리나케 달려와 세라의 팔을 잡았다. 희끗거리는 옥수수염 머리카락. 파워 충전소 할아버지였다. 소율이는 눈을 휘둥그레 뜨고 할아버지를 보았다. 그 옆으로 할머니도 다급하게 따라왔다.

"두 분이 여긴 어떻게……?"

소율이가 황망해하며 입을 여는데 할아버지가 보건실 위치를 물었다. 일단은 세라를 보건실로 데려가는 게 급했다. 소율이는 할아버지와 함께 세라를 부축해 본관 1층에 있는 보건실로 향했다.

"자, 얼른 들어가라."

보건실 앞에 도착하자 할머니가 급하게 보건실 문을 열었다. 소율이는 허둥거리며 보건실로 들어갔다. 보건 선생님이 놀란 얼굴로 소율이와 세라에게 다가왔다.

"어머, 세라잖아! 왜 이래? 어디 다친 거야?"

보건 선생님이 새된 소리로 물었다.

"아니요, 체육 수업 중에 갑자기 배가 아프다고……."

소율이가 대답하는데, 세라가 보건 선생님을 잡고 끙끙거렸다. 보건 선생님은 세라를 침대에 누이고 청진기를 갖다 댔다. 그러고는 세라에게 똑바로 누우라 한 뒤, 명치에 손을 갖다 댔다.

"배 속이 영 엉망인 것 같은데, 요새 스트레스가 많아?"

보건 선생님이 세라에게 물었다. 세라는 말없이 아랫입술을 질끈 깨물었다. 원래도 하얗던 얼굴이 더 허옇게 질려 보였다. 몹시 괴로운 듯했다.

"안 되겠다, 병원에 가자. 지금 체육 시간이니?"

보건 선생님이 자리에서 일어나며 소율이에게 물었다. 소율이는 얼른 고개를 끄덕였다.

"그럼 잠깐 기다려 봐."

보건 선생님은 병원에 전화를 걸었다. 소율이는 세라 옆으로 다가갔다. 세라는 여전히 배에 손을 얹은 채 끙끙거리고 있었다. 그러면서도 어깨를 펴고 다리를 모으려 안간힘을 쓰는 듯 보였다. 자세가 세라에게는 꽤 중요한 문제인 듯했다. 스트레스가 많냐던 보건 선생님의 물음이 생각났다.

'저러니까 스트레스를 받지.'

소율이는 세라를 보며 홰홰 머리를 저었다. 보건 선생님이 세라에게 물었다.

"세라야, 지금 집에 누구 계셔?"

"할머니요……."

세라가 가느다란 목소리로 대꾸했다. 보건 선생님은 할머니께 연락해야겠다고 했다.

"싫은데요……."

그러더니 갑자기 세라가 울음을 터뜨렸다. 보건 선생님이 당황스러운 얼굴로 세라에게 다가갔다.

"어른한테 알리고 병원에 가야 해. 보건실에서 대충 약만 먹고 해결될 일이 아닌 것 같아서 그래."

보건 선생님이 살살 세라를 달랬다. 그래도 세라는 굳게

다문 입을 열지 않았다. 멍하니 허공만 바라보았다. 뭔가 알 수 없는 사정이 있는 듯 보였다.

때마침 보건실 문이 열리고, 담임 선생님이 들어왔다. 선생님은 반 아이들 모두 교실로 돌아갔다며 소율이도 그만 교실로 올라가 보라고 했다.

소율이는 세라를 힐끔 쳐다보고 보건실을 나섰다. 체육 수업이 허무하게 끝나 버렸다. 그것 하나는 마음에 들었다. 그제야 파워 충전소 할아버지와 할머니가 생각났다.

'조금 전까지 보건실에 있었는데, 어디 가셨지? 그런데 할아버지랑 할머니가 학교에는 무슨 일로 온 거지?'

하루 수업이 모두 끝나기 전에는 학부모도 선생님과 약속이 있지 않은 한, 함부로 학교에 들어올 수 없다. 그런데 이사 온 지 얼마 되지 않은 노부부가 학교 안에 있다니, 아무리 생각해도 그들은 정체를 알 수 없는, 이상한 사람들이었다.

뜻밖의 초대장

세라는 결국 응급차에 실려 병원으로 갔다. 세라가 집에는 죽어도 연락을 안 하겠다고 버티어서 담임 선생님이 보호자 자격으로 동행했다. 얼떨결에 4교시 수업은 자율 학습으로 진행되었다.

소율이는 힐끔 옆을 보았다. 내내 허리를 세우고 흔들림 없이 앉아 있던 옆자리가 비어 있으니 이상했다.

'도대체 얼마나 힘들었으면…….'

턱을 괴고 옆자리를 바라보며 멍하니 생각을 더듬던 소율이가 허리를 곧추세웠다. 얼마나 힘든지 소율이도 한 번쯤 해 보고 싶었다. 세라가 그랬던 것처럼 소율이는 허리를 꼿꼿이 세워 등받이에 딱 붙이고, 다리는 무릎 사이에 달걀 하나가 놓일 정도로만 벌린 채 똑바로 앉았다. 그리고 가슴을 쫙 펴고 고개를 반짝 들었다. 공기가 한 움큼 가슴으로 들어오는 느낌이 들었다. 그런 다음 턱을 살짝 몸쪽으로 당기고 두 팔을 뻗어 책을 세워 잡았다. 썩 나쁘지 않았다. 책 읽기에 집중이 되는 자세랄까.

'아, 이래서 수업 시간에 이런 자세를 유지했구나!'

세라가 조금은 이해되려는 순간이었다. 하지만 이내 쫙 펼친 어깨에서부터 허리, 무릎까지 몸 전체가 편치 않았다. 바짝 힘이 들어간 무릎과 허리에 묵직한 돌덩이가 들러붙은 느낌. 게다가 어깨는 억센 힘에 짓눌리는 듯했다.

"으윽!"

소율이는 온몸에 바짝 들어간 힘을 풀어 버렸다. 곧장 흐물흐물 몸이 풀렸다. 마치 꽉 조이고 있던 벨트를 푼 것만 같았다.

"후우―!"

소율이는 길게 숨을 내쉬었다. 이렇게 편한 것을, 세라는 왜 그렇게 힘든 자세를 꼿꼿하게 지키고 있는 걸까. 이해가 되지 않았다.

'임세라, 너 그래서 아픈 거야!'

소율이는 세라가 돌아오면 당장 온몸의 힘을 풀고, 아무렇게나 늘어지게 엎어져 지내라고 말해 줘야겠다 싶었다. 물론 세라가 소율이의 말을 들을 리 없겠지만 말이다. 소율이는 잔뜩 늘어진 자세로 책장을 넘겼다.

"나 아까 그분들 봤다."

점심을 먹으러 급식실로 향하던 소율이는 훈이에게 파워 충전소의 할아버지와 할머니 이야기를 꺼냈다. 훈이가 어디에서 봤느냐고 물었다.

"학교에서 봤어. 보건실 가는 길에. 그분들 그 시간에 어떻게 학교에 들어왔을까?"

"이 학교에 손주가 다니나?"

훈이도 소율이처럼 고개만 갸웃거릴 뿐 마땅한 답은 내놓지 못했다.

담임 선생님은 5교시 수업이 시작될 무렵 교실로 돌아왔다. 세라는 함께 오지 못했다.

"장이 꼬인 줄 알았는데, 다행히 가스가 많이 찬 정도래요. 세라는 할머니가 오셔서 집으로 바로 갔는데, 이따 누가 세라 가방 좀 집에 가져다줄래요?"

선생님이 반 아이들을 휘둘러보며 말했다. 소율이가 조그맣게 중얼거렸다.

"고집을 부리며 버티더니 결국은 할머니한테 연락한 모양이네."

교실 뒤쪽에서 예지가 손을 번쩍 들었다. 예지는 세라랑 같은 아파트 단지에 산다고 했다. 선생님은 예지에게 부탁한다고 말한 뒤 수업을 시작했다.

소율이는 다시 세라처럼 자세를 꼿꼿하게 잡아 보았다. 하지만 세라의 자세로는 10분도 앉아 있기 어려웠다. 이렇게 어려운 걸 매일같이 꼬박꼬박 해내고 있었다니 세라가 새삼 대단하다고 여겨졌다. 훈이의 말이 꼭 맞았다.

소율이가 졸다 깨는 동안 6교시 수업이 끝났다. 목요일 오후에는 국어랑 수학 과목이 연달아 붙어 있어 수업에 계속 집중하기가 꽤 힘겨웠다.

"목요일 시간표는 진짜 최악이야!"

훈이와 함께 집으로 향하던 소율이가 발을 쾅쾅 굴렀다.

"체육 수업이 6교시였으면 좋았을 텐데!"

체육 과목을 좋아하는 훈이가 소율이의 말을 받았다. 하지만 소율이는 고개를 가로저었다. 체육 수업은 언제 해도 싫었다.

"그나저나 세라는 괜찮나……?"

훈이가 혼잣소리하듯 중얼거렸다. 체육 수업을 생각하니 세라가 생각난 모양이다. 소율이는 얌전히 걸음을 옮기며 입을 열었다.

"내가 수업 시간에 세라 자세를 따라 해 봤거든?"

직접 해 보니 세라가 대단하다고, 훈이의 말이 딱 맞았다고 말하려는데, 눈앞에 파워 충전소의 할아버지와 할머니가 나타났다. 소율이와 훈이는 우뚝 걸음을 멈췄다.

"안녕하세요?"

훈이가 싱글거리며 허리를 숙였다. 소율이는 훈이의 옆에서 멀뚱히 할아버지와 할머니를 바라보았다.

"지금 끝난 거야?"

할아버지도 훈이처럼 벙글거리며 목청을 높였다. 그 옆

에 선 할머니는 머리를 손으로 매만졌다.
"네, 할아버지! 오늘 학교에 오셨다면서요?"
훈이가 불쑥 질문을 던졌다.
"그랬지."
할아버지는 여전히 싱글벙글했다.
"학교에는 왜 오신 거예요?"
소율이가 조금 날카로운 목소리로 따지듯 물었다.
"아, 그게 말이다……."
"그 애는 좀 어떠니?"
할아버지가 대꾸하려는데 할머니가 답삭 나섰다. 소율이는 이맛살을 찡그렸다.
"제가 먼저 물어봤는데요?"
"아, 그게 말이다……."
할아버지가 무언가 설명하려 들었다. 그런데 이번에는 훈이가 말을 가로챘다.
"병원에 갔어요. 그 뒤로는 저희도 못 봤고요."
"쯧쯧, 그럴 것 같더라니……."
할머니가 혀를 끌끌 차며 고개를 저었다.
"그 애는 원래 그렇게 몸이 약하니?"

할아버지가 훈이에게 물었다. 훈이는 곧장 아니라고 대답하더니 줄줄 말을 이었다.

"굉장히 강단이 있는 애예요. 지난 방학에 엔터테인먼트 회사에 캐스팅돼서 지금 배우 연습생으로 들어가 있거든요. 그래서 자기 관리를 엄청 열심히 해요. 앉아 있을 때도……"

"야!"

소율이가 팔꿈치로 훈이를 툭 쳤다. 훈이가 눈을 동그랗게 뜨고 소율이를 보았다.

"뭘 그렇게 미주알고주알 떠들어? 세라 사생활이야."

"아, 그런가?"

훈이가 멋쩍은 듯 머리를 긁었다. 할머니가 물었다.

"혹시 그 아이, 어디에 사는지 아니?"

소율이는 모른다고 답하고는 얼른 말을 덧붙였다.

"저희가 세라네 집을 안다고 해도 함부로 가르쳐 드릴 수는 없어요!"

할아버지는 고개를 끄덕이고는 할머니를 보았다. 그러자 할머니가 주머니에서 봉투에 담긴 엽서 한 장을 꺼내 할아버지에게 건넸다.

"그럼 이것 좀 그 아이에게 전해 줄래?"

소율이는 얼떨결에 할아버지가 건네는 엽서를 받았다. 엽서 위쪽에는 '초대장'이라는 글자가 큼지막하게 적혀 있고, 그 아래로는 깨알 같은 글자들이 박혀 있었다.

초대장

전파초등학교 6학년 세라에게

우리는 우리의 몸에 꼭 필요한 파워를 연구하고 있는 과학자 이철민, 한미 소장이란다. (우리에 대해 더 알고 싶다면 인터넷으로 검색해 보렴!)

학교에서 우연히 너를 본 뒤, 우리는 너를 우리 연구소에 초대하기로 했단다.

바쁘겠지만 꼭 찾아와 주기를 바랄게. 기다리마.

초대 일시 : 3월 26일 토요일 오후 2시

초대 장소 : 파워 충전소 (전파산 입구 새로 지은 건물)

전화번호 : 이철민 010-1122-33*4

소율이는 엽서를 앞뒤로 훑어보고는 할머니에게 물었다.

"세라 이름은 어떻게 아셨어요?"

"소율이는 의심이 정말 많구나."

할머니가 웬일로 빙시레 웃었다. 그러고는 보건실에서 선생님과 소율이가 부르는 이름을 들었다고 했다.

"초대장 정도는 전달해 줄 수 있겠지?"

할머니가 부드럽게 물었다.

"그럴게요!"

초대장을 쥐고 있는 사람은 소율이인데, 대답은 훈이가 했다. 소율이도 전달 정도는 할 수 있겠다고 생각했다.

"그래, 고맙다."

할머니는 소율이를 향해 고개를 까닥하고 할아버지의 팔을 잡았다. 둘은 다시 산책을 시작하려는 듯했다.

"황보훈! 우리 집에 잠깐 들렀다 가."

소율이가 훈이의 팔을 잡고 성큼 걸음을 디뎠다. 훈이는 얼결에 소율이의 뒤를 따랐다.

집에 들어가기가 무섭게 소율이는 컴퓨터에 전원을 넣었다. 그리고 곧장 검색 사이트에 접속했다.

"검색해 보려고?"

훈이가 물었다. 소율이는 모니터를 뚫어져라 쳐다보며 고개를 끄덕였다. 소율이는 검색창에 '한미'라는 이름을 쳤다. 그런데 '한미'로 검색되는 자료는 무척이나 방대했다. 소율이는 다시 인물 카테고리에서 '한미'를 검색했다. 할머니의 얼굴이 바로 떴다.

한미(생명 과학 분야 수석 연구원)
건강한 삶을 영위하기 위한 여러 가지 조건에 대해서 평생을 연구하였다. 이를 토대로 인간에게 필요한 파워를 부문별로 나누어 정의하고, 이를 일상에 적용하기 위하여 파워 충전소를 설립하였다. 8년째 일반인, 특히 어린이를 대상으로 파워 충전 활동을 적극적으로 이어 가고 있다.

그 밖에도 몇몇 자료에 비슷한 이야기들이 적혀 있었다. 옆에서 훈이는 연신 "와!", "이야!" 감탄을 쏟았다. 소율이는 다시 검색창에 '이철민'을 적었다. 이번에도 할아버지의 얼굴이 화면에 나타났다.

"이거 봐. 이분들, 사기꾼들 아니라니까!"

훈이가 가슴을 쫙 펴며 당당하게 외쳤다. 소율이는 조금 전에 받은 엽서를 꺼냈다. 그리고 다시 검색창에 '파워 충전소'를 입력했다. 관련된 자료는 그리 많지 않았다.

"파워는 뭐고, 파워 충전은 또 뭘까?"

소율이는 자기도 모르게 손톱을 물어뜯을 뻔했다. 궁금증이 뭉게구름처럼 커진 탓이다.

"그런데 세라는 왜 초대하시는 거지?"

그 말에 소율이는 다시 초대장을 보았다. 그러고는 두 눈을 번득이며 훈이를 쳐다보았다. 훈이가 왜 그러냐고 물었다.

"우리도 가자!"

"뭐라고?"

훈이가 되물었다.

"우리도 토요일 날, 여기에 가자고! 가서 파워 충전소가 어떤 곳인지 우리 눈으로 직접 확인해 보자!"

파워 충전소에 초대받은 사람은 세라였지만, 초대장을 직접 받아 전달하는 사람은 소율이와 훈이였다. 심부름해 준 수고를 생각해 둘이 세라와 함께 간다고 해도 크게 문제 삼지 않을 것 같았다. 소율이의 눈이 호기심으로 반짝 빛났다.

배우 연습생

 소율이는 가방 앞주머니를 열어, 파워 충전소 할아버지가 준 초대장이 잘 들어 있는지 확인했다. 초대장은 얌전히 가방 안에서 제자리를 지키고 있었다. 소율이는 저도 모르게 싱긋 웃음이 났다.

 소율이는 훈이와 함께 큰길을 지나 건널목을 건넌 뒤, 아파트 단지 옆길을 따라 쭉 걸어 학교에 닿았다. 본관을 지나 별관 현관에서 실내화를 갈아 신고 3층 6학년 1반 앞까지 힘든 줄도 모르고 달렸다. 그런데 웬일로 세라의 자리가 비어 있었다.

 "아직 안 왔네?"

소율이가 툭 말을 뱉었다.

"그러게. 아직도 아픈가?"

훈이도 고개를 갸우뚱거렸다.

개학 첫날부터 지금까지 세라는 항상 소율이보다 일찍 학교에 나와 자리를 지키고 있었다. 아, 그러고 보니 6학년 때뿐만이 아니었다. 세라는 항상 소율이보다 학교에 일찍 왔다. 그만큼 부지런하고 빈틈없는 아이가 바로 세라였다.

자리에 앉아 아침 독서 책을 펼쳐 놓고도 소율이는 내내 옆자리에 신경을 썼다. 언제쯤 올까 싶어 교실 뒷문을 힐끗거리기도 했다. 하지만 세라는 나타나지 않았다.

"세라는 오늘까지 쉬기로 했어요."

조회 시간에 담임 선생님이 말했다.

"많이 아프대요?"

뒤쪽에서 승혁이가 물었다.

"오늘까지 쉬면 괜찮을 거래요."

선생님은 가볍게 승혁이의 말을 받았다. 소율이는 약간의 낭패감을 느꼈다. 세라는 지금까지 결석 한 번 않던 아이였다. 그래서 초대장을 건네지 못할 상황은 상상조차 해 보지 않았다. 그런데 하필 오늘처럼 중요한 날 결석이라니! 그러다가 소율이는 홰홰 고개를 저었다. 어떻게든 초대장을 전달할 생각이었다.

수업이 끝나기 무섭게 소율이는 훈이와 함께 학교를 빠져나왔다. 그리고 학교 바로 앞에 있는 아파트 단지로 들어갔다. 그곳 102동 204호가 세라네 집이라고 했다.

"네가 세라네 집은 왜 가려고?"

소율이가 예지를 붙잡고 세라네 집이 어딘지 묻자 예지는 두 눈을 찡그리며 마땅치 않은 내색을 보였다.

"그, 그냥. 뭐 내가 짝이니까……."

짝이라는 이유로 내내 핀잔을 줬던 게 떠올라서, 소율이는 얼굴이 벌겋게 달아올랐다. 그래도 소율이는 세라네 집을 알아내고 싶었다.

"세라한테 전화해 보면 되잖아."

예지는 세라네 집을 알려 주고픈 마음이 조금도 없어 보였다.

"맞네, 너 세라 전화번호 알잖아."

옆에서 훈이가 예지의 말에 맞장구를 쳤다. 소율이는 조금 곤란했다. 짝이 된 뒤로는 물론, 1학년 때부터 지금까지 네 번이나 같은 반에서 지내는 동안 세라랑 개인적으로 연락한 적

은 한 번도 없었다. 모둠 활동을 할 때는 되도록 세라랑 같은 모둠이 되는 것을 피했다. 아마 세라도 알고 있을 것이다.

"내가 갑자기 전화하면 세라가 불편할까 봐."

얼버무리듯 대꾸했지만, 사실이기도 했다. 전화로는 얼굴이 보이지 않으니 세라가 어떤 상황인지, 어떤 마음인지 가늠하기 어려울 것이다. 무엇보다 초대장을 전해 주려면 집으로 찾아가야 했다. 소율이가 훈이의 팔을 툭 치며 말했다.

"황보훈, 너도 세라가 얼마나 아픈지 걱정된다며? 같이 가자더니……."

예지의 마음을 움직이려면 지원군이 필요했다. 그리고 훈이는 제법 괜찮은 지원군이었다. 소율이의 반에서 훈이는 천사로 통했다. 잘 웃고, 친절하고, 반에서 하는 일에 항상 적극적으로 참여하고, 무엇보다 반 아이들의 부탁이라면 무엇이든 들어주는 아이가 훈이였다.

"맞아. 나랑 소율이랑 같이 가 보기로 했어. 좀 알려 주라."

다행히 훈이는 눈치가 있었다. 훈이의 말에 예지는 어떻게 할까 잠깐 망설이다가 세라네 아파트 동호수를 불렀다.

"낮에는 할머니랑 세라 둘만 있을 거야."

예지가 말을 덧붙였다. 소율이는 훈이처럼 해맑게 웃으

며 고맙다고 인사했다. 왠지 그래야 할 것 같았다.

"진짜로 연락도 안 하고 불쑥 가도 될까?"

아파트 단지로 들어서며 훈이가 조심스럽게 물었다. 소율이도 입술에 살짝 침을 발랐다. 소율이가 등장하면 세라는 아마도 무척이나 당황할 것이다.

"음……."

102동 앞에서 소율이는 걸음을 멈췄다. 그리고 이층을 올려다보며 머리를 굴렸다. 어떻게 하는 게 자연스러울까 생각했다.

"어제 보건실까지 데려다준 사람이 나잖아."

"그런데?"

소율이의 말에 훈이는 갸우뚱 고개를 기울였다.

"그러니까 걱정이 많이 됐다, 그러면 되지."

소율이가 훈이를 똑바로 바라보며 말했다. 훈이는 대꾸가 없었다. 소율이는 가방 앞주머니에서 파워 충전소의 초대장을 꺼냈다.

"그런 다음 이걸 내밀면 돼."

세라를 찾아온 진짜 이유는 초대장이니까 굳이 에둘러 이야기할 필요도 없다. 훈이도 마음을 굳힌 듯 고개를 끄덕였다. 소율이는 공동 현관에서 204호를 호출했다. 누구냐 묻는 목소리가 들렸다. 세라 할머니인 모양이었다.

"저희, 세라 친구인데요!"

소율이가 대답하기가 무섭게 공동 현관문이 열렸다. 소율이와 훈이는 서둘러 204호로 올라갔다.

"세라 친구가 다 찾아오고! 반가워라."

세라 할머니가 활짝 웃으며 현관문을 열었다. 집안에서 구수한 냄새가 새어 나왔다.

"세라는 지금 집에 없는데 어쩌지? 그래도 잠깐 들어왔다 갈래?"

할머니가 물었다.

"세라, 집에 없어요?"

소율이가 눈을 동그랗게 뜨고 물었다.

"응, 조금 전에 학원 간다고 나갔어. 그러지 말고 어서 들어와라."

할머니가 현관문을 활짝 열었다. 소율이와 훈이는 세라 할머니에게 꾸벅 인사를 하고 집 안으로 들어갔다.

세라네 집은 아담하고 포근했다. 현관에서 마주 보이는 거실 벽에는 책이 빽빽하게 꽂혀 있고, 헝겊 소재의 소파에는 뜨개실로 짠 듯한 덮개와 방석이 깔려 있었다. 베란다 앞에 있는 작은 원탁에는 책 한 권과 차 한 잔이 놓여 있었다. 할머니가 앉아 있던 자리인 듯했다.

"세라, 몸은 괜찮아요?"

소파에 엉덩이를 붙이며 소율이가 물었다. 할머니는 얼른 작은 그릇에 팥죽을 담아 식탁에 놓았다.

"오늘까진 푹 쉬었으면 했는데, 학원은 가야 한다고 고집을 부리더라고. 세라 먹이려고 팥죽 조금 만들었는데, 와서 먹어 보려무나."

"감사합니다!"

훈이는 식탁 앞으로 얼른 다가앉으며 넙죽 인사했다. 하지만 소율이는 팥죽이 썩 반갑지 않았다. 엄마가 가끔 만들어 주는데 소율이의 입에는 영 맞지 않았다. 그래도 차마 싫다고 할 수는 없어 숟가락을 들었다.

"세라는 무슨 학원에 간 거예요?"

팥죽을 퍼먹으며 훈이가 말했다.

"배우엔터라나 뭐라나. 아무튼 거기에서 하라는 건 팥으로 메주를 쑤라고 해도 쑬 것 같더라."

말끝에 할머니는 길게 한숨을 쉬었다. 무엇인가 마땅치

않은 듯했다. 소율이는 팥죽을 깨작거리며 할머니를 보았다. 할머니가 소율이의 팥죽을 보았다.

"너는 팥죽이 별로니?"

"아, 네, 그게……."

"괜찮아. 사람 입맛이 다 같을 수 있나. 물어보지도 않고 퍼다 준 내 잘못이지."

할머니가 바나나우유는 마시냐고 물었다. 소율이는 쪼르르 할머니의 뒤를 쫓았다. 할머니에게 심부름을 시키는 것 같아 미안했기 때문이다. 그런데 부엌 옆에 열린 방문 사이로 큼지막한 사진이 보였다. 침대 머리맡에 붙여 놓은 에이치의 사진이었다.

"세라가 에이치를 좋아하나 봐요?"

소율이가 큰 소리로 물었다. 할머니는 방문을 조금 더 열어 보이며 그렇다고 했다. 할머니가 보여 준 방에는 에이치의 사진이 가득했다. 노래하는 에이치가 아닌 연기하는 에이치의 모습이었다. 훈이도 얼른 몸을 돌려 방을 살폈다.

"저 애가 그렇게 다이어트를 열심히 했다면서?"

할머니가 물었다. 소율이는 모르는 사실이었다. 할머니가 바나나우유를 내주며 말을 이었다.

"쟤처럼 되려면 다이어트를 해야 한다면서 온종일 아무것도 안 먹고, 무슨 음료수만 하나 먹더라. 그러더니 어제 그 사달이 난 거야. 자고로 건강이 먼저지, 안 그러냐?"

할머니는 고개를 홰홰 저으며 또 한숨을 뱉었다. 세라 때문에 걱정이 큰 모양이었다. 소율이는 더 이상 꾸물거릴 수 없다는 생각이 들었다. 서둘러 가방 앞주머니에서 파워 충전소의 초대장을 꺼내 할머니 앞으로 불쑥 내밀었다.

"이거요, 세라에게 꼭 좀 전해 주세요."

연신 한숨을 내뱉던 할머니가 의아한 눈으로 소율이를 보았다.

"세라한테 어쩌면 꼭 필요한 걸지도 몰라요."

"맞아요, 할머니. 이건요…….'

훈이가 초대장 내용을 설명하려 들었다. 소율이는 얼른 훈이의 팔을 툭 쳤다. 자세한 내용은 밝히면 안 될 것 같았다.

"내일 저희랑 어디를 좀 같이 갔으면 해서요. 세라가 꼭 왔으면 좋겠어요."

소율이는 다시 한번 할머니에게 부탁했다. 할머니는 알겠다며 세라 방으로 초대장을 들고 갔다. 세라 책상 위에 올려놓으려는 듯했다. 소율이는 바나나우유를 홀짝 마시고 가방을 챙겼다. 집에 가서 해야 할 일이 있었다.

파워 충전소

　집으로 돌아오기 무섭게 소율이는 컴퓨터 앞에 앉았다. 이번에는 에이치에 관한 정보가 필요했다. 훈이도 소율이 옆에 우뚝 서서 모니터를 들여다보았다.
　"본명 황여은! 열두 살 때부터 연습생을 시작했다니까 5년쯤 됐나 보네……."
　훈이가 모니터에 뜬 정보를 읽었다. 소율이는 절레절레 고개를 저었다. 정보량이 너무 많았다. 이래서는 밤이 새도록 찾아도 필요한 정보를 찾기 어려울 것 같았다.
　소율이는 검색창에 '에이치의 다이어트'라고 쳤다. 그러자 조금은 걸러진 자료들이 모니터에 떠올랐다. 하지만 광

고성 글이나 작성자의 추측으로 만들어진 이야기가 대부분 같았다. 뉴스나 인터뷰처럼 기사로 정리된 내용은 없었다.

"분명히 할아버지가 얘기했었는데……."

소율이는 할아버지가 에이치 이야기를 꺼냈을 때 관심을 가질걸, 뒤늦게 후회가 되었다. 솔직히 그때는 할아버지의 말을 손톱만큼도 믿을 수가 없었다.

"그러게, 사람 말을 좀 믿어 보라니까!"

훈이가 소율이를 향해 눈을 흘겼다. 그러는 새 소율이가 학원에 갈 시간이 되었다. 소율이는 스마트폰을 챙겨 들고 집을 나섰다. 학원에 있는 동안 세라에게서 연락이 올까? 마음이 쓰였다. 하지만 학원 수업을 끝내고 집으로 돌아와 저녁을 먹고 꼼지락거릴 때까지도 세라에게서는 연락이 없었다. 방으로 들어온 소율이가 훈이에게 문자 메시지를 보냈다.

 세라한테 아직 연락이 없어!

그럴 줄 알았어.

훈이는 담담하게 대꾸했다. 그러고는 내일 아침까지 기다려 보자고 했다. 훈이는 늘 그랬다. 급한 것도 없고, 서두르는 일도 없었다. 소율이는 마음이 바빴지만 하는 수 없었다. 초조한 마음에 몇 번씩 스마트폰을 들여다보느라 밤잠까지 설쳤다.
 이튿날 아침, 아홉 시가 되도록 세라에게서는 연락이 없었다. 소율이는 겉옷을 챙겨 입고 훈이에게 달려갔다.
 "토요일 아침부터 어딜 가려고 이렇게 서두르는 거야?"
 훈이의 엄마가 소율이를 반기며 장난스럽게 물었다. 그러는 새 훈이가 현관 밖으로 나왔다. 소율이와 훈이는 훈이의 엄마에게 인사를 하고, 잽싸게 골목을 빠져나왔다.
 "너무 이른 시간 아닐까?"
 걸음을 옮기며 훈이가 걱정스럽게 물었다. 소율이는 고개를 저었다.
 "학교에도 맨날 제일 먼저 오는 앤데, 뭘. 이 시간이면 분명히 깨어 있을 거야."
 빨리 세라를 만나, 오후의 약속을 잡아야 했다. 소율이는 걸음을 재게 옮겼다.
 "그래도. 걔네 부모님도 계실 텐데……."

"그럼 어쩌자고!"

아침 일찍 세라네 집에 가 보기로 한 건, 지난밤에 소율이와 훈이, 둘이 함께 내린 결론이었다. 그런데 훈이가 자꾸 딴죽을 걸었다.

"전화 먼저 걸어 보자."

"후유……."

하는 수 없었다. 소율이는 훈이와 함께 세라네 아파트 단지에 있는 놀이터로 들어가 세라에게 전화를 걸었다. 통화 연결음만 연신 울렸다.

"안 받아!"

전화를 끊는데, 소율이의 눈에 낯익은 뒷모습이 보였다. 세라였다. 소율이는 잽싸게 달려가 세라를 붙잡았다. 세라가 뜨악한 얼굴로 소율이와 훈이를 보았다.

"너희가 여긴 웬일이야?"

"너 보러 왔지. 근데 어디 가?"

"회사!"

세라는 샐쭉한 얼굴로 고개를 돌렸다.

"우아, 토요일인데도?"

훈이가 소리를 높였다.

"그럼 회사에 갔다가 거기로 올 거야?"

소율이의 물음에 세라가 얼굴을 찡그리며 소율이를 보았다.

"거기?"

"너, 초대장 못 봤어?"

소율이의 말에 세라는 피식 코웃음을 쳤다. 그러고는 작은 가방에서 초대장을 꺼냈다.

"가다가 버리려고 했는데, 잘됐다. 가져가."

세라가 소율이에게 초대장을 내밀었다. 소율이가 두 손을 홰홰 저었다.

"이거 너한테 주는 초대장이야!"

"난 관심 없으니까 도로 가져가라고."

세라는 소율이의 손을 잡아 그 위에 초대장을 착 올리고 휙 몸을 돌렸다. 에이치 이야기라도 해야 할 것 같아 소율이는 다시 세라를 잡았다.

"나 빨리 가야 해."

세라가 사나운 얼굴로 소율이를 보았다. 소율이가 세라를 붙잡은 손을 놓자 세라는 뛰는 듯 빠른 걸음으로 아파트를 빠져나갔다.

"회사 가는 게 저렇게 중요한가?"

"그만큼 배우가 되고 싶은 거겠지."

소율이의 혼잣말을 훈이가 받았다. 소율이는 들고 있던 초대장을 내려다보았다. 초대장의 주인은 아니지만, 파워 충전소의 초대장은 지금 소율이의 손에 있었다.

"우리끼리라도 가자. 쫓겨나더라도 일단 가 보자."

소율이가 훈이에게 말했다. 훈이도 그럴 생각이었던 듯 곧장 고개를 끄덕였다.

점심을 먹고, 소율이와 훈이는 다시 집을 나섰다. 그리고 전파산을 향해 걸음을 옮겼다. 소율이의 손에는 세라가 거부한 초대장이 들려 있었다. 소율이는 당당하게 어깨를 펴고, 파워 충전소의 초인종을 눌렀다.

"어서 와라!"

할아버지가 활짝 웃으며 문을 열었다. 그 뒤로 할머니도 나타났다.

"너희 둘뿐이니?"

할머니가 고개를 빼꼼 내밀고 주위를 살폈다. 소율이는 흠흠 헛기침하며 초대장을 할머니에게 내밀었다.

"세라가 오기 싫대요. 할머니 할아버지가 기다리실까 봐

저희가 대신 왔어요."

"저런, 쯧쯧쯧!"

할머니가 끌끌 혀를 찼다.

"너희라도 와 줘서 고맙다!"

할아버지가 파워 충전소 문을 활짝 열었다. 쫓겨날까 봐 걱정했던 게 무색했다.

소율이와 훈이는 조심스럽게 건물 안으로 들어갔다. 반질반질 윤이 나는 나무가 깔린 널찍한 마루가 드러났다. 마치 체육관이라도 되는 것처럼 마루에는 변변한 가구 하나 놓여 있지 않았다. 정면에는 큼지막한 빔 프로젝터용 블라인드가 드리워져 있고, 그 위로 옆으로 길게 나 있는 창문이 있었다. 마루 뒤쪽으로는 부엌이 보였다.

"여긴 뭐 하는 데예요?"

두리번거리며 훈이가 물었다.

"운동하는 곳이지."

할머니가 짧게 대꾸하더니 소율이와 훈이에게 가부좌를 틀고 앉으라고 했다.

"몸과 마음을 건강하게 만들려면 말이다, 바른 자세와 차분한 마음을 갖는 게 기본이란다."

"우리 집 첫 손님인데, 운동부터 시키는 거야?"

할머니가 조곤조곤 설명하는데, 할아버지가 큰 소리로 물었다.

"이왕에 왔으니 뭐라도 해야지. 자, 얼른 앉아."

할머니는 거침이 없었다. 순간 소율이는 덫에 걸린 듯한 느낌이 들었다. 파워 충전소의 정체를 밝히러 온 이상, 할머니에게 무턱대고 휘둘릴 수는 없었다.

"이런 걸 왜 시키시는 거예요?"

"네 몸과 마음을 건강하게 만들기 위해서지. 특히나 소율이 네 자세는 말이다……."

소율이는 인터넷에서 찾아봤던 여러 가지 자료들을 머릿속으로 정리해 보았다. 지금 할머니가 이야기하고 있는 것이 파워와 관계있는 건가 싶었다.

"이렇게 하면 파워가 생겨요?"

소율이가 당차게 물었다. 할머니가 눈을 반짝이며 벙싯 웃었다.

"찾아봤구나?"

"무슨 파워를 연구한다면서요?"

훈이가 끼어들었다. 할머니는 자랑스러운 듯 고개를 끄

덕이며 소율이와 훈이를 보았다.

"바른 자세와 바른 먹거리에서 얻을 수 있는 건 바디 파워란다. 우리 몸에 꼭 필요한 여러 개의 파워 중 으뜸 가는 파워로 꼽을 수 있지."

소율이는 저도 모르게 이맛살을 찌푸렸다. 할머니의 말은 하나도 새로운 것이 없었다. 시시했다. 소율이는 입을 불뚝 내밀고 주위를 둘러보았다. 이름만 거창할 뿐 희한한 건물의 내부에는 특별하달 것이 하나도 없었다.

"자세를 바르게 하고, 먹는 걸 잘 조절하면 바디 파워를 얻을 수 있나요?"

훈이의 목소리가 바람처럼 가볍게 떠올랐다.

"그럼! 그게 바로 바디 파워의 기본이지!"

할아버지가 신명 난 목소리로 답했다. 그러고는 뚜벅뚜벅 부엌으로 걸어가며 소리쳤다.

"바른 먹거리는 내가 보여 줄게. 이리들 올래?"

할아버지가 마루 뒤쪽에 있는 아일랜드 식탁 앞에서 손짓했다. 훈이는 할아버지 장단에 춤을 추듯 부엌으로 달려갔다. 소율이는 멀뚱히 할아버지와 훈이를 보았다.

"저 양반이 또 뭘 만들었기에 저렇게 신이 났을까? 우리도 가 보자!"

할머니가 소율이를 잡아끌었다. 식탁에는 깔끔한 접시에 담긴 알록달록한 샐러드와 두부조림 그리고 견과류와 멸치를 바삭하게 볶은 음식이 차려져 있었다.

"이걸 다 할아버지가 만든 거예요?"

훈이는 포크를 쥐고, 입을 함지박만 하게 벌렸다. 할아버지는 고개를 주억거리며 자랑스럽게 외쳤다.

"탄단지의 균형을 딱 맞춘 음식이지. 지금은 시간이 시간인 만큼 간식으로 먹을 만한 걸 준비했단다."

"탄단지가 뭐예요?"

소율이가 얼굴을 찡그렸다. 할아버지가 아주 좋은 질문이라며 벙긋 웃었다.

"탄수화물과 단백질, 지방을 말한단다. 우리 몸이 활동하는 데 꼭 필요한 필수 영양소들이지. 어느 하나만 지나치게 섭취하는 건 오히려 건강을 해칠 수 있어. 그래서 탄단지의 균형을 잘 맞춘 음식을 먹는 게 중요하단다."

"으, 그걸 어떻게 다 맞춰 가며 먹어요?"

소율이는 잔뜩 찡그린 얼굴을 풀지 않았다.

"그럼 간단히 알아볼까?"

할머니가 식탁 서랍에서 노란 띠를 꺼내더니 소율이의 손목에 갖다 댔다. 노란 띠는 마치 자석처럼 소율이의 손목에 착 휘감겼다. 소율이가 눈을 휘둥그레 뜨고 노란 띠를 내려다보는데, 노란 띠에서 빨강, 파랑, 초록 불빛이 깜빡거리기 시작했다. 그러고는 이내 숫자를 드러냈다.

58 12 30

"역시 탄수화물과 지방 수치가 높구나. 운동하면서 식단 조절에도 신경을 써야겠어."

"그러니까 일단 먹입시다!"

할아버지가 할머니의 말을 툭 자르더니, 소율이에게 포크를 내밀었다. 소율이는 포크를 받는 둥 마는 둥 받아 들었다. 어느 것 하나 먹고 싶은 게 없었다.

"우아, 이거 무슨 드레싱이에요? 엄청 맛있다!"

샐러드를 입에 넣고 훈이가 호들갑을 떨었다. 할아버지가 만족스러운 듯 껄껄 웃었다.

"내가 만든 특제 소스지. 건강에 좋은 자연식 재료만 골

라 발효 과정까지 거치며 만든 거야."

"우아! 소율아, 너도 좀 먹어 봐."

훈이는 두 눈을 슴벅거리며 감탄을 거듭했다. 할머니도 한 번만 먹어 보라며 소율이를 채근했다. 소율이는 가까이에 있는 샐러드를 한 점 찍어 입에 넣었다. 입안에서 톡 쏘는 맛이 느껴졌다.

"어? 여기에 콜라 넣으셨어요?"

딱 콜라 맛이었다. 하지만 할아버지는 아니라며 연신 할아버지표 특제 소스임을 강조했다.

"어때? 네 입맛에도 딱이지?"

훈이가 눈을 데굴거리며 소율이를 보았다. 아니라고 하고 싶은데, 그럴 수가 없었다. 할아버지가 만든 샐러드는 특이했다. 분명히 소율이가 좋아하지 않는 채소에 자연식으로 만든 소스를 뿌렸는데도 소율이의 입맛을 잡아당겼다. 두부조림, 견과류를 넣어 만든 멸치볶음도 마찬가지였다.

충전, 바디 파워

샐러드 다섯 접시를 눈 깜짝할 새 해치운 소율이와 훈이는 마루로 나왔다. 포만감이 마음을 한껏 누그러뜨렸는지 체육관 같은 파워 충전소도, 허허실실 웃고 있는 할아버지도 모두 편안하고 좋아 보였다. 심지어 늘 차가워 보이던 할머니까지도.

"여긴 천장이 아주 높네요!"

마루에 벌러덩 드러누워 소율이가 소리쳤다. 밖에서 볼 때는 잘 몰랐는데, 파워 충전소의 천장은 일반 주택보다 훨씬 높았다. 그래서 밖에서 보는 것보다 실내는 꽤 넓고 쾌적했다.

"먹고 바로 누워 있으면 안 되지. 얼른 일어나라."

할머니의 목소리가 또 날카로웠다. 소율이는 얼른 자리에서 일어났다.

"일어나서 30분만 걷도록 하자."

할머니가 소율이와 훈을 앞뒤로 나란히 세웠다. 그러고는 고개를 들고, 보폭을 일정하게 유지하며 걸으라고 했다.

"일전에도 말했지? 발을 정확히 떼었다가 발뒤꿈치 먼저 바닥에 닿도록 하고······."

"으······."

소율이가 두 손으로 귀를 틀어막으며 할머니를 쳐다보았다. 할머니 잔소리는 엄마 못지않았다.

"이게 다 바디 파워를 기르는 방법이란다."

할머니가 소율이를 쳐다보며 야무지게 말했다. 훈이는 할머니의 말을 곱씹으며 성큼성큼 걸음을 옮겼다. 옆에서 할아버지가 흡족한 듯 허허거렸다.

"전 바디 파워 같은 거 필요 없어요."

소율이가 바닥에 털퍼덕 주저앉으며 말했다. 그러고는 할머니를 쳐다보며 큰 소리로 말을 이었다.

"초대장도 원래 세라한테 주셨잖아요."

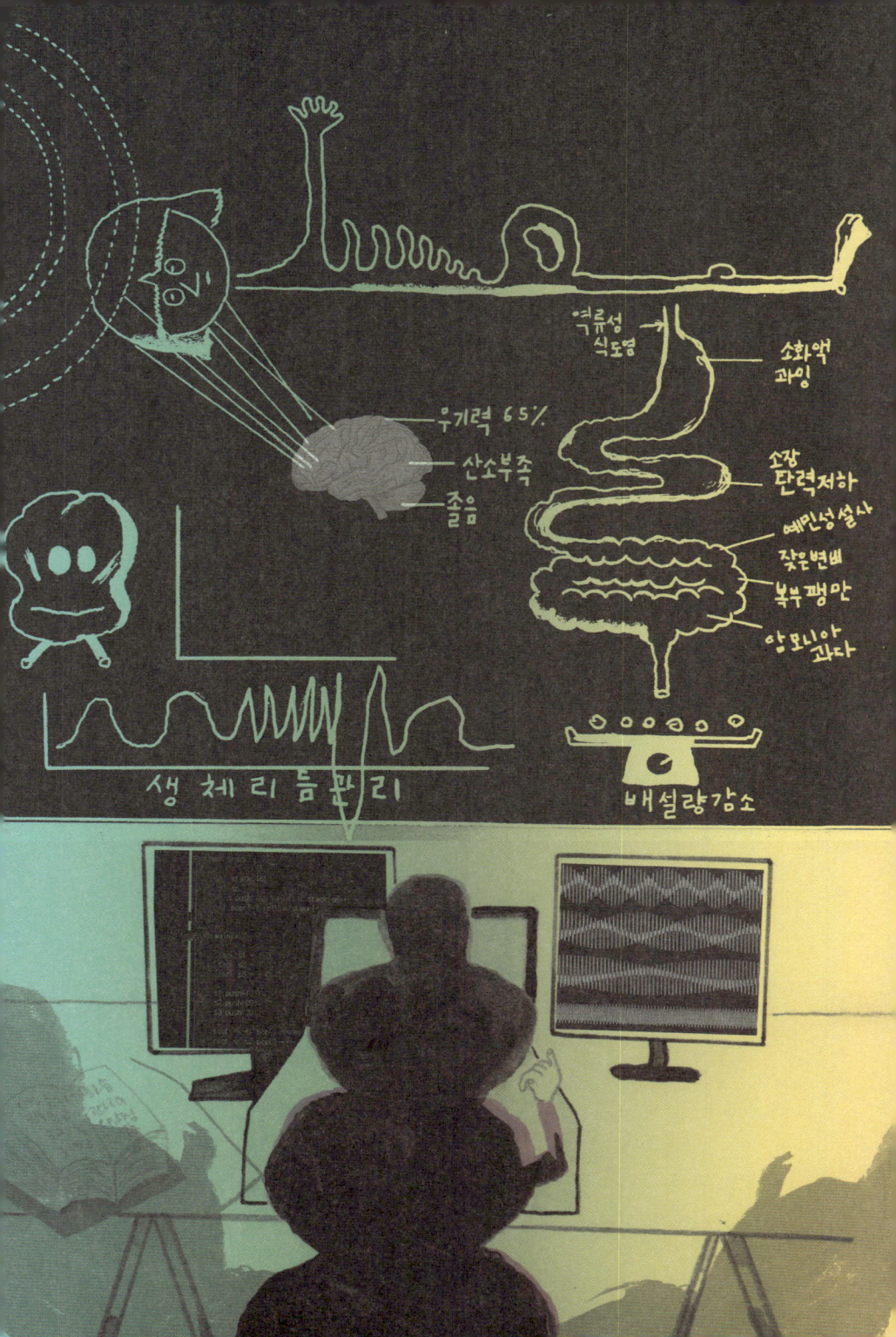

"사실은 너를 처음 봤을 때부터 우린 너한테 바디 파워를 충전해 줘야겠다고 생각했단다."

"왜요?"

소율이의 눈썹이 삐뚜름해졌다. 이번에는 할아버지가 나섰다.

"소율이의 피부색을 봤을 때 말이야, 자연식보다는 인스턴트 음식을 좋아하는구나 싶었거든. 그런데 걸어갈 때 보니까 자세도 좋지 않은 거야. 걸음걸이부터 몸의 움직임이 나른하게 늘어지는 모양이 바디 파워 충전이 꼭 필요한 아이구나, 싶었달까?"

"그래서 자꾸 제 주변에서 서성거린 거예요?"

소율이가 뾰족한 투로 묻자 할머니는 고개를 주억거리며 말했다.

"아니라고는 할 수 없어. 그런데 네가 워낙 완강하게……"

"그럼 학교에 오신 것도 저 때문이었어요?"

소율이가 자리에서 발딱 일어나며 크게 소리쳤다.

"노노노, 그건 절대 아니야."

할아버지가 진정하라는 듯 소율이를 향해 두 손을 휘저었다. 할머니가 차분하게 입을 열었다.

"너희 학교 교장 선생님이 불러서 갔던 거야. 우리는 네 뒤만 졸졸 따라다닐 만큼 한가한 사람들이 아니거든."

"교장 선생님이 왜요?"

훈이가 놀랍다는 듯 두 눈을 크게 떴다. 할아버지가 빙싯거리며 훈이에게 말했다.

"학생들이 건강하게 지낼 방법에 대해서 조언이 필요하다셨지. 그래서 이런저런 것들을 말씀드리고 왔단다."

"그럼 파워 충전에 대해서도 말씀하셨어요?"

"그건 아직!"

할머니가 짧게 대꾸했다. 그러고는 소율이를 보며 말을 이었다.

"파워는 누구나 노력하면 가질 수 있어. 방법은 여러 가지가 있지. 훈이만 해도 굳이 바다 파워를 충전할 필요가 없단다. 먹는 것도, 자세도, 생활 습관이나 마음가짐도 딱 좋은 상태거든."

할머니의 말에 훈이의 입이 빙싯 벌어졌다. 소율이는 또다시 눈썹을 찌푸렸다.

"세라도 요새 배우가 되려고 연기 학원에 다니느라 다이어트를 심하게 해서 그렇지, 걸음걸이나 자세는 아주 훌륭

한 아이예요."

훈이가 엉뚱하게도 세라 이야기를 꺼냈다.

"야, 황보훈!"

소율이가 냅다 소리를 질렀다. 소율이는 대뜸 세라의 칭찬을 늘어놓는 훈이가 얄미웠다. 하지만 훈이는 아랑곳하지 않고 할머니 앞에서 세라의 꼿꼿한 자세를 칭찬했다.

"세라 먹는 건 어떠니?"

할머니가 물었다. 훈이가 고개를 갸우뚱거리며 뜸을 들이자 이번에는 소율이가 나섰다.

"거의 안 먹어요. 촬영한다고 빨간색 다이어트 음료만 마셔요."

"흠, 역시 바디 파워가 필요한 상태겠어."

할머니의 얼굴이 사뭇 심각해졌다. 소율이는 이때다 싶었다.

"그럼 다시 세라를 불러서 주세요!"

소율이는 팽 몸을 돌렸다. 할머니가 고집스러운 얼굴로 소율이와 눈을 맞추었다.

"세라가 지금 이곳에 있다면, 당연히 세라에게도 바디 파워를 줬겠지. 하지만 지금은 이곳에 없으니……."

"치!"

소율이는 얼굴을 찡그리며 입술을 실룩거렸다. 은근슬쩍 욕심이 생겼다. 소율이의 마음을 읽었는지 할머니가 말을 이었다.

"세라도 세라지만 소율이 너도 당장 바디 파워가 필요한 상황이야."

"그걸 받으면 뭐가 좋아지는데요?"

소율이가 물었다. 할머니가 생긋 미소를 보이며 말했다.

"바른 자세를 유지하고, 열심히 운동하고, 좋은 음식을 골라 먹는 걸 즐길 수 있게 되지. 좀처럼 살이 안 찌는 체질로 바뀌고 말이야."

소율이는 평소 자기가 하고 싶어 하지 않는 것들을 즐겁게 할 수 있게 된다니, 살짝 마음이 흔들렸다. 하지만 할머니의 말을 완벽하게 믿을 수는 없었다. 일단 파워 충전이라는 걸 어떻게 하는지도 알려 주지 않았다.

"파워 충전은 어떻게 해요?"

훈이가 맞춤하게 질문을 던졌다. 할아버지가 마루 끝에 있는 자그마한 문을 가리켰다. 문득 이삿짐이 들어오던 날, 이삿짐센터 아저씨들이 했던 말이 떠올랐다. 1층 안쪽의 자그마한 방. 이런저런 뭔가가 무척 많이 있다던 곳. 그리고 하얀 원통.

"혹시 커다란 원통에······."

"맞아! 눈썰미가 좋은데?"

할아버지가 싱글거렸다.

"우리는 그걸 '파워 충전기'라고 부른단다. 선택받은 아이에게 필요한 파워를 충전해 주는 기계지."

할머니가 나긋나긋 설명을 붙였다. 소율이는 파워 충전기에 누워 있는 자기 모습을 떠올려 보았다. 그다지 유쾌하지 않았다.

"물론 네가 원하지 않으면 안 해도 돼. 우린 억지로 시키지는 않아."

할머니가 소율이를 지그시 바라보았다. 소율이의 얼굴에 잔뜩 끼어 있는 불안의 먹구름을 알아챈 것 같았다. 소율이가 진지한 얼굴로 자리에서 일어났다. 머릿속을 조금 더 정리해야 할 것 같았다.

그때 부엌 쪽에서 전화벨이 울렸다. 할아버지가 급히 달려가 전화를 받았다.

"소장님!"

밝고 경쾌한 목소리가 전화기 밖으로 새어 나왔다.

"오, 여은아, 잘 지냈어?"

"에이, 아직도 에이치라고 부르기 어색하세요?"

전화기 너머에서 믿기 어려운 이름이 튀어나왔다. 소율이와 훈이는 동시에 할아버지를 바라보았다. 영상 통화를 하고 있던 할아버지의 스마트폰에는 에이치의 얼굴이 큼지막하게 떠 있었다.

"방금 운동하고 나왔거든요. 운동하다가 소장님들 생각나서 전화했죠. 한소장님은요?"

"저기 있지!"

할아버지는 에이치에게 잘 보이도록 스마트폰을 할머니

쪽으로 비쳤다. 할머니가 활짝 웃으며 할아버지의 스마트폰을 향해 손을 흔들었다. 그러는 통에 할머니 앞에 있는 소율이와 훈이가 스마트폰 너머에 있는 에이치의 눈에 뜨인 듯했다.

"어머머, 새로운 친구들이네. 또 시작하시는 거예요?"

에이치가 소리를 높이며 반색했다.

"그럼. 또 시작해야지. 그런데 이번에는 쉽지 않을 것 같구나."

할아버지가 소율이의 눈치를 힐끔 살피고는 에이치에게 말했다. 에이치가 놀란 듯 눈을 휘둥그레 뜨고 물었다.

"어머나, 왜요? 받기 싫대요?"

"너도 처음엔 꺼렸잖니."

할머니가 부드러운 목소리로 말했다. 전화기 너머에서 에이치가 말했다.

"제가 달콤한 간식을 엄청나게 좋아했잖아요. 그땐 그걸 다 끊어야 하는 줄 알고 그랬죠."

"그럼, 언니……, 언니라고 불러도 돼요?"

소율이가 스마트폰 앞으로 바짝 다가가며 물었다. 에이치가 그러라며 해사하게 웃었다. 자그마한 스마트폰 액정

속에서도 에이치는 반짝반짝 빛났다. 화려한 조명도 없고 메이크업도 안 한 평범한 모습인데도 그랬다.

"언니도 바디 파워를 충전받았어요?"

소율이가 물었다. 에이치는 당당하게 고개를 끄덕였다.

"내가 전에는 내 입이 좋아하는 것만 먹고, 운동도 하기 싫어하고, 편한 게 좋은 거다, 그렇게 생각했었거든?"

"와, 너랑 똑같다!"

훈이가 소리쳤다. 에이치가 손으로 입을 가리고 까르르 웃었다. 그러고는 바로 그런 아이에게 꼭 필요한 게 바디 파워라고 했다.

"꼭 받아! 우리 소장님들이 아무한테나 막 파워를 충전해 주는 분들이 아니거든. 나도 바디 파워를 충전받고 난 뒤로 음식을 가리지 않고 잘 먹게 됐고, 운동도 꾸준히 잘하게 됐어. 아, 소장님! 지난번에 올림픽에 나갔던 소정 언니랑 성렬 오빠한테도 바디 파워를 주셨다고 했지요?"

에이치가 국가 대표 배구 선수와 양궁 선수의 이름을 끄집어냈다. 할아버지가 곧장 고개를 끄덕였다. 에이치가 다시 소율이를 쳐다보았다.

"소장님들은 남들 눈에 보기 좋은 몸을 만들라고 파워를 충전해 주시는 게 아니야. 건강하고 힘이 나는 몸을 만들어 주려고 노력하시는 거지. 특히 몸을 움직이기 싫어하고, 편식이 심하다면 꼭 받았으면 좋겠어."

 에이치가 콕 짚어 소율이를 가리키는 것 같았다. 소율이는 에이치의 목소리에서 거부할 수 없는 힘을 느꼈다. 전화를 끊고 소율이는 할머니에게 물었다.

"그거 받으면 진짜로 운동이 재미있어져요?"

"물론!"

 할머니는 자신만만한 표정으로 고개를 끄덕였다.

"탄산음료나 아이스크림 같은 것도 덜 먹게 돼요?"

 소율이의 질문에 할머니는 의기양양하게 어깨를 폈다. 너무나 당연한 걸 묻는다는 듯한 얼굴이었다.

"혹시 할머니 말이 거짓말이면 어떻게 하실 거예요?"

 소율이가 매서운 눈빛으로 따지듯 할머니를 보았다.

"과학자로서의 내 50년 연구 기간을 걸고 맹세하마."

 할머니가 오른손을 반짝 들고 근엄하게 말했다. 이제는 마음을 굳혀도 될 것만 같았다.

"좋아요, 한번 받아 볼래요!"

 소율이가 주먹을 꼭 쥐었다. 할아버지가 벙싯 웃으며 자그마한 방문을 열었다. 파워 충전실이라고 했다. 파워 충전실에는 컴퓨터 두 대와 커다란 전자 기기가 놓여 있었다. 그리고 한가운데에 이삿짐 차에서 실려 나왔던 하얀 원통이 있었다. 할아버지가 말한 파워 충전기였다. 할머니가 소율이를 파워 충전기 앞으로 데려갔다.

"자, 시작해 볼까?"

할머니가 파워 충전기의 서랍에서 하얀 고글을 꺼내 소율이에게 내밀었다. 고글을 받아 든 소율이가 고개를 끄덕였다. 할머니가 컴퓨터를 두드리자, 파워 충전기의 상단부가 스르르 열렸다. 안쪽에는 하얀색 매트가 깔려 있었고, 활짝 열린 상단부 안쪽에는 하얀 헝겊이 덮여 있었다. 마치 둥근 원통 안에 이불과 요가 깔린 듯한 느낌이었다. 할머니가 매트 아래에서 가느다란 전선을 여러 개 끄집어냈다.

"기소율, 잘해!"

할아버지 옆에서 훈이가 큰 소리로 외쳤다. 소율이는 훈이를 힐끔 쳐다보고 파워 충전기 안으로 몸을 들였다. 할머니는 매트 아래에서 꺼낸 전선을 파워 충전기 안쪽 구석구석에 꽂았다. 겉으로는 단순해 보이는 원통이었는데 무엇인가 복잡했다.

"괜찮은 거죠?"

소율이가 할머니에게 물었다. 할머니가 소율이의 손을 힘주어 잡았다.

"당연하지. 평생 연구에만 매달렸던 우리가 가장 보람을 느끼는 순간이 바로 지금이란다."

할머니의 마음이 따스한 손으로 전해지는 듯했다. 소율이는 고글을 쓰고 파워 충전기에 누웠다. 오로라와 같은 섬광이 소율이의 눈앞을 부드럽게 휘젓고 지나가기를 반복했다.

바디 파워란?

바디 파워를 충전받으니까 몸이 가벼워진 것 같아요. 이제는 운동도 열심히 할 수 있을 것 같고, 세라처럼 바른 자세로 버티기도 잘할 수 있을 것만 같아요. 그만큼 저의 노력도 필요하겠지만요.

당연하지. 뭐든 노력 없이 얻을 수 있는 건 없단다.

저는 바디 파워를 충전받지는 않았지만, 소율이랑 같이 바디 파워를 키우기 위해 노력해 볼 참이에요.

 어떻게 노력할 건데?

 너랑 매일매일 규칙적으로 운동할 거야!

옳거니! 그런데 운동하는 데도 원칙이 있단다. 매일 한 시간 이상 유산소 운동을 하고 일주일에 3일은 한 시간 정도 근력 운동을 격렬하게 해야 하지.

유산소 운동과 근력 운동, 뭐가 달라요?

유산소 운동은 몸 전체를 움직이는 운동이야. 걷기나 조깅, 수영, 자전거 타기 같은 것이 대표적이지. 유산소 운동을 꾸준히 하면 몸에 쌓여 있는 지방이 연소하고, 혈액 속 콜레스테롤과 중성 지방의 수치가 낮아져서 우리 몸을 건강하게 유지할 수 있단다. 또 **근력 운동**은 우리 몸의 근력을 만들어 주는 운동이란다. 집에서 매트를 깔고 하는 스쾃이나 런지, 플랭크 같은 맨손 체조와 마사지볼, 폼 롤러, 요가링 같은 소도구를 이용하는 스트레칭을 말하지.

 으악, 그런 운동을 한 시간씩이나 격렬하게 하라고요?
힘들 텐데······.

 근력은 우리 몸을 지탱해 주는 힘이야. 근력이 있어야 우리가 몸을 움직일 수 있단다. 소율이처럼 자세가 좋지 않거나 운동을 게을리하면 척추나 골반을 받쳐 주는 근력이 약해지기 쉽거든? 그래서 허리의 근육을 강화해 주는 코어 운동과 함께 어깨 근육, 등 근육을 잡아 주는 운동을 더 열심히 해야 해.

과연 제가 잘할 수 있을까 걱정돼요.

걱정이나 부담은 내려놓고, 즐겁게 하려무나. 그래야 사고 없이 안전하게 운동할 수 있거든. 그리고 운동할 때 어떤 운동을 얼마나 했는지 기록해 두렴. 그러면 조금씩 조금씩 나아지는 걸 눈으로 확인할 수 있을 거야.

 좋아요. 저도 같이 기록하면서 운동할래요.

운동만큼 중요한 것은 적당하게 먹는 것이란다. 다이어트를 하겠다고 운동하면서 음식량을 확 줄이면 오히려 건강을 해칠 수 있어. 심하면 거식증이나 탈모, 골다공증 같은 병을 얻을 수도 있지.

 저는 먹는 거라면 자신 있어요!

 에이, 먹는 것도 잘 챙겨서 먹어야지. 아까 봤지? 탄단지의 균형을 맞춘 음식!

맞다, 훈이가 아주 잘 봤구나. 음식 중에는 우리의 건강을 해치는 음식도 있단다. 대표적인 것이 흰색으로 된 세 가지 재료인데, 흰쌀밥, 정제 밀가루, 백설탕이 바로 그것이지. 이렇게 정제된 흰 음식들은 혈당 수치를 빠르게 높여서 건강을 위협하거든.

혈당 수치요? 그런 건 어른들이나 걱정하는 것 아니에요?

흰쌀밥

정제밀가루

백설탕

물론 혈관 세포가 파괴되고, 혈액이 끈적해지는 건 나이를 먹을수록 더 심해지지. 하지만 나이가 어리다고 방심하면 안 돼. 혈액 순환이 잘 안되면 면역력도 약해지니까 미리미리 조심해야지.

알겠어요. 세 가지 흰색 재료 조심!

그것 말고도 더 있어. 장기간 보관하기 위해 우리 몸에 좋지 않은 여러 화학 성분을 첨가한 캔에 든 음식도 조심! 그리고 혈당 수치를 높이는 인공 감미료와 화학 색소가 들어간 탄산음료와 아이스크림도 조심! 또 버터나 마가린이 든 음식, 영양소 대신 간편함을 추구한 인스턴트식품, 패스트푸드 등도 줄이는 게 좋아. 육식보다는 채식 위주로 먹는 게 좋고.

 힝, 조심하라는 음식 전부 제가 좋아하는 것들이에요. 어쩌죠?

 좋아하는 걸 한 번에 끊기는 어렵겠지만 조금씩 천천히 줄여 가는 식으로 하면 좋겠구나.

 그래. 하루 세 번 끼니 잘 챙겨 먹기, 과일과 채소 충분히 먹기, 물 자주 마시기 그리고 아침 꼭 먹기. 이 정도는 할 수 있겠지?

 그럼요. 저는 모두 잘할 자신 있어요!

그래. 먹는 것도 그때그때 점검표를 만들어서 확인하다 보면 오늘보다 나은 내일을 만들 수 있을 거야.

 건강한 몸에 건강한 정신이 깃든다는 말, 혹시 들어 봤니?

 물론이죠. 몸이 건강해야 마음도 건강해질 수 있다! 맞죠?

 맞아. 몸이 아프면 그만큼 마음도 나약해지기 쉽거든. 먼저 내 몸을 잘 알고 아껴 주려는 마음이 필요해. 내 몸에 불만을 느끼기보다는 긍정적으로 받아들이고, 신나게 움직여 주고, 어디가 불편하지는 않은지 살펴야 하지.

 알겠어요. 노력해 볼게요. 그런데 소장님!

 오, 이제 소장이라고 불러 주는 거야?

 이제 저도 파워를 충전받았으니까요. 아무튼 소장님, 나머지 파워가 뭔지도 알려 주시면 안 되나요?

유모기체

한꺼번에 많은 음식을 먹으면 체하듯, 우리 몸에 꼭 필요한 파워도 하나씩 하나씩 알아 가는 게 좋단다.

그럼 다음 편에서 두 번째 파워를 꼭 알려 주세요.

좋다, 약속하마!

우아, 두 번째 파워도 내가 충전받으면 좋겠다!

에필로그

포스트잇

소율이는 포스트잇 메모지를 한 묶음 사 들고 집으로 왔다. 옆에는 훈이도 함께였다.

소율이와 훈이는 거실 한가운데에 포스트잇 메모지를 펼쳐 놓고, 파워 충전소 소장님들이 해 준 이야기들을 꼼꼼히 적었다. 소파에 앉아 텔레비전을 보고 있던 아빠와 엄마가 소율이와 훈이가 메모지에 적은 글귀를 읽기 시작했다.

> 유산소 운동 매일 한 시간씩,
> 근력 운동 3일에 한 번씩!
> 탄단지 조화로운 식단,
> 채소와 과일 많이 먹기,
> 물 자주 마시기!

"이게 다 뭐야?"

소율이의 아빠와 엄마가 소율이와 훈이를 번갈아 보았다.

"이제부터 제가 지킬 일들이에요!"

소율이가 당차게 말했다. 아빠와 엄마가 놀란 듯 눈을 크게 떴다.

"이걸 다 지키면 정말 좋기는 할 텐데……."

엄마가 믿지 못하겠다는 얼굴로 소율이를 보았다.

"한꺼번에 다 실천하기는 어렵지 않을까?"

아빠도 엄마랑 비슷한 표정을 지었다. 소율이는 자리에서 반짝 일어나 팔을 번쩍 들어 올렸다. 그리고 큰 소리로 말했다.

"방금 바디 파워를 충전받았어요. 그러니까 이제부터 매일같이 즐겁게 지킬 거예요."

아빠와 엄마는 어리둥절한 낯빛을 풀지 못했다. 그도 그럴 것이 아빠와 엄마는 바디 파워나 파워 충전이 뭔지 알지 못했다. 소율이와 훈이가 차근차근 설명하려는 찰나, 초인종이 울렸다. 파워 충전소의 한소장과 이소장이었다. 그들은 소율이의 부모에게 간단하게 그간의 일을 설명했다. 이야기를 모두 듣고 나자 소율이네 아빠와 엄마의 얼굴이 한결 편안해졌다.

"얼마나 열심히 하는지 엄마가 지켜볼 거야."

소장 부부가 돌아간 뒤 엄마가 생긋 웃으며 소율이와 눈을 맞췄다. 소율이는 자신만만한 표정으로 포스트잇 메모지를 집어 들었다.

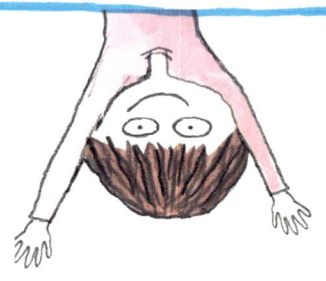

"내 몸이 바디 파워에 완벽하게 익숙해질 때까지만 이것 좀 붙여 놓을게요."

소율이의 말에 아빠와 엄마는 흐뭇하게 고개를 끄덕였다. 소율이는 훈이와 함께 정성껏 쓴 메모지를 집 안 구석구석에 붙여 놓았다.

소율이의 머릿속에 에이치와 함께 몇몇 국가 대표 선수들의 얼굴이 선명하게 떠올랐다. 그들처럼 바디 파워를 충전받은 자신도 튼튼하고 멋지게 자랄 것이라는 믿음이 생겼다. 생각만으로도 소율이의 기분은 전파산 꼭대기의 새하얀 구름 위를 날았다.

> 작가의 말

하나씩 실천해요, 바디 파워

위풍당당하게 바디 파워를 충전받은 소율이 이야기, 재미있게 읽었나요?

책을 덮기 전에 마지막으로 한 가지, 저에게 귀띔 좀 해 주세요. 『바디 파워』편에 등장한 소율이와 훈이 그리고 세라 중에 마음에 쏙 든 인물은 누구인가요? 그리고 우리 친구랑 가장 비슷한 인물은 누구인가요?

저는 소율이 이야기를 쓸 때 가장 편안하고 재미있었는데요, 왜 그랬을까요? 큭큭, 맞아요! 소율이가 저랑 가장 비슷하게 닮은 아이이기 때문이지요.

저도 소율이처럼, 땀 흘리며 운동하는 것보다는 쉬엄쉬엄 뒹굴뒹굴하며 노는 걸 좋아하고요, 몸을 건강하게 만들어 주는 음식보다 입안에서 사르르 녹아내리는 달콤하고 부드러운 음식을 더 좋아해요. 코끝이 뻥 뚫리는 탄산음료는 말할 것도 없지요. 아, 말만 해도 입안에 느껴지는 그 맛 때문에 침이 고여요, 꿀꺽!

그런데요, 내 몸이 편한 대로, 내 몸이 원하는 대로 먹고 쉬면서 지내다 보니 마음은 한없이 늘어져서 편안한데 몸은 그렇지 않더라고요. 뒤룩뒤룩 살이 찌는 건 물론이고 여기저기 아픈 곳도 늘어났어요. 결국 의사 선생님에게 꾸지람을 듣고 나서야 정신이 번쩍 났답니다.

'아, 운동도 하고, 먹는 것도 신경을 써야겠구나!'

마음을 다잡으며 이것저것 공부하다가 생각했어요. 우리 친구들에게도 이야기해 줘야겠다! 그래서 나는 파워 충전소를 만들고 나랑 비슷하게 닮은 친구, 소율이와 훈이 그리고 세라를 차근차근 만났어요. 그리고 세 친구에게 진지하게 부탁했지요.

"이 책을 읽는 친구들에게 바디 파워의 중요성을 꼭 이야기해 줘. 그래서 우리 친구들이 더 건강하게 지낼 수 있도록 도와줘."

어떤가요? 파워 충전소와 세 친구의 이야기를 통해서 바디 파워가 얼마나 중요한지 깨닫게 되었나요? '이참에 아주 조금씩이라도 하나씩 실천해 볼까?' 마음을 먹었다면 나는 정말 기쁠 것 같아요. 바디 파워는 우리의 삶을 건강하게 만들어 주는 아주 기본적인 파워니까요. 우리 친구들 모두 더 건강하게 지낼 수 있기를 바라요.

바디 파워 장착을 위해 날마다 노력하는 작가, 최은영